大家小小书

篆刻　王兴家

新编历史小丛书

中国历史讲话

熊十力 著

北京出版集团公司
北京人民出版社

目　录

题　记

《中国历史讲话》原系熊十力先生于1938年春为学生授课时的讲稿，是夏整理成书，由中央陆军军官学校石印行世。此次即以此本为底本，参照其他版本点校。

缘 起

余以今春避寇入川，依钟生芳铭于璧山。永善邓生子琴、无锡钱生学熙、郓城陈生亚三、汾城刘生公纯、友人菏泽王君绍常均先后来璧。江津任生伦昉、璧山刘生冰若亦均相依忧患之中。余以迂陋，无所自效于世，唯日与诸子讲说旧闻。一日，亚三偶提及国史云：发扬民族精神，莫切于史。今吾历史，被后生诬乱破碎殆尽，是事可奈何耶？子琴复提出种原及通史两问题。余感其切问，因与诸子略明吾意。为谈计二星期。理其记录，差可一卷。命曰：《中国历史讲话》。故识其缘起于卷首。中华民国二十七年季夏三伏日逸翁熊十力。

我现在要讲的题目，有两个。第一，是种族推原。第二，是关于修“中国通史”的一点意见。先说第一。

第一编　种族推原

中华民族，由汉满蒙回藏五族构成之。故分言之，则有五族；统称之，则唯华族而已。如一家昆季，分言之，则有伯仲；统称之，则是一家骨肉也。

一、汉族

汉族者，本三皇五帝之子孙。历代居中国本部。本部复别以三：

一、黄河流域及其他省区

如甘肃、宁夏、新疆、陕西、山西、河北、河南、山东，及热、察、辽、吉、黑等省。

二、长江流域

如四川、湖南、湖北、安徽、江苏、福建等省。

三、珠江流域

如广东、广西、云南、贵州等省。

此皆汉族世代生长之地。其散处于满、蒙、藏诸边塞则为数较少。余如台湾、琉球，与朝鲜、安南、缅甸等属国，本皆汉族同胞，今沦为异域云。

汉族有数千年高尚悠远之文化。故言及中华民族，往往即以汉族为代表。但汉族，自其先代孳生既众以后，而与满、蒙、回、藏分支，自为留居本部之一族。后人自难确定其分支之祖为谁氏，只可说为三皇五帝之子孙而已。然历代传说，都以为汉族是黄帝的子孙。司马迁作《史记》，其《帝纪》即始于黄帝。大概黄帝建造我国家，保固我民族，其声威最大。故群奉为开国元祖，而定为一尊耳。古者汉族本称诸夏，或以为因夏朝得名。昔我神禹，会诸侯于涂山，执玉帛者万国。可见其声德广远。故四裔称我族类为夏人焉。或曰，夏之为言，大也。以其为世界上伟大的民族，故称夏焉。其曰诸夏何也？诸者多数之称。当时族人并建列国，又其支分派别，族姓日多，故云诸夏耳。其后称为汉族者，则因汉朝威震中外。四旁诸夷，皆称我国人为汉人。此汉族之名所由始。唯自是汉族一名，乃普遍流行而无以易。

汉族之性情，宽大而和易。向来对于异国异族，常敦守和平。苟人不以侵凌加诸我，则我决不侵凌人。唯人若肆意侵及于我者，则我亦必坚决抵抗。纵有时退让，而终久必令其自然同化，或以实力使之屈伏焉。通观数千年历史事实，明明如是。汉族所以伟大者，以其有含容性与持久性故。

或者汉人在西北边省业商，颇有狡诈之习，贪小利而失大信。此最害事。盖未受教育之民，愚蠢无远见，故有此病。今后边省教育青年子弟，宜时时教以贵信义，尚勇气。至于商人如再有不公道不信实之行为，地方官尤应以其法律禁止。

汉人的理想高，眼光大，故其学问偏长于哲学方面。唯其心思不屑于琐碎处用功，所以对于物理界的知识，不免疏略。因此，不能发展科学。此其所短。今后当吸收西洋人的科学，但当阐扬其固有的哲学思想，以为做人的根本、立国的精神。民国以来教育，对于固有的学术思想与道德信条等等，一切以为旧的、腐的，而尽唾弃之，却又无法凭空产生信条与新的道德。而哲学上，又没有新的中心思想。因此，没有维持身心的东西。所以社会上表现出一种猖狂与混乱的现象。一切人的内心里面，好似空虚腐烂，无有一毫生气，譬如空心一般。由此纵欲、贪淫，一切所作所为，虚浮诳伪，全无实际。中国民族到今日，可说危险万分，而士大夫犹不觉悟。因为民初以来的教育，把固有的东西抛弃尽净，今日也无法自觉了。

中国孔子的思想，广大精微。他在宇宙方面，是发明了力用刚健的本体。宇宙万化无穷，万变不息，万象昭著，都由这个刚健的力量所发现。这是天地间不易的真理。根据这种宇宙观，来应用在吾人生活上，便是自强不息。原来吾人的生命，与宇宙的大生命，不可分为两片。吾人正于此自强不息的工夫上，认识自己的本性。万人念念自强，念念不息，念念是真实的力量流行。即凡应事接物，一切无有苟且，无有虚诳，无有迷乱。如此则何功不成，何事不办。又复当知自强不息的力量，是时时向前的，时时求新的，时时求真的，时时自觉而不至倒妄的，决不会为过去的腐旧而不合理的势力所凝滞、所束缚。这种人生态度是应当保持而不可失坠的。至于孔子之所以治国与平天下者，则皆注重经济问题，而一以均平为原则。又必专主忠信与絜矩之道（絜矩即恕，唯恕故无以不平等待人者），而后均平之治可期。今日全世界人类，斗争与骗诈之祸，将趋于自毁，尤非孔学不救。我们要阐明孔子的思想，不仅是救中国民族的。虽然当世也有许多不成人类的东西（如汉奸等）假托尊孔，而我们不能以此之故，遂说孔学不足提倡。须知真的出来，则假冒者自然绝迹。汉族之觉悟与否，关系中国五族的存亡。教育与学术思想，毕竟是社会政治一切的根源，所以谈到汉族，不嫌枝蔓，而说及此。

二、满族

满族即东胡族，亦称通古斯族。向居本国东北边外。在成周时，则为肃慎氏。盖汉族之一支，由本部蕃衍而移殖于东北边境也。从前清代学者，亦有谓满族系黄帝子孙徙于塞外者，可谓实录。东胡在周以前，有九夷。《竹书纪年》称后芬即位三年，九夷来御。《后汉书》总东胡诸部为《东夷传》。曰："《王制》云：'东方曰夷。'夷者，柢也，言仁而好生，万物柢地而出。故天性柔顺，易以道御，至有君子、不死之国焉。"不死言长寿也。又曰："夷有九种，……故孔子欲居九夷也。"据此，则东胡族在古代，犹存中原文献之传。故中原人士称美之曰夷，可谓文明矣。及秦汉以后，则纯尚武力，暴戾之气，变诈之性，时常入寇，毒害生民，无复曩时礼让之风焉。然汉世如乌桓者，但为边患，其势犹不足危害中朝。且受国军征讨，而仍归命阙廷。迄至于晋，则东胡有鲜卑者，乘晋室衰乱，纷纷崛起，甲马纵横，云扰北部，而生民之祸益亟。拓跋宇文，皆抚有北部，终以收拾五胡之局。其诸业有可称者。

唐朝季世，东胡复有一支，曰契丹者。初起尚微，后及浸盛，据北部而称帝，旋改号曰辽，历年二百。虽皇宋崛兴，号称统一，而幽燕十六州，犹属于辽，宋人未能收复。

其后辽衰，而东胡诸部中又有女真继起，取辽而尽有其地，复称帝号而建国曰金。其势又盛于辽。

至于明朝季世，则东胡又有一支崛起，所谓

满洲是也。其初兴之酋长，本受明帝之命，以治其部落。迨后势力日盛，乘中原流贼之祸，遂倾覆皇朝，而代明为帝，改朝号曰清。遂主全中国之政。其盛，远非辽金可比。然及其衰也，则其族类式微，亦较辽金为甚。

昔者契丹（即辽）之雄于北部也，当宋室未兴时，几可以夺全国政权，而逞一日之欲。然卒称帝号于北方之一隅，而不愿南下，更不肯徙其族类以居中原本部。此其用心甚深，眼光甚远。盖彼族一向在东北，有其雄悍强勇之习，亦由其环境之关系所养成也。若入中原本部，则温和之气，柔靡之景，在在足以移人之性情，而使之习于文弱。此其不愿入内地者，一也。凡一族类，常居于其世守之地，而勿过于向外发展，则保守之力量较强。虽无大进取，而又无大损失。此其不愿入内地者，二也。契丹兵临中原倾覆皇朝，仍为中朝立君而去之。（立石敬瑭为中国之帝。）而不敢实握共主之柄，不欲居其族类于内地，可谓深思远虑矣。

其后女真之兴也，亦秉契丹遗策。故其初取汴京也，即立张邦昌、刘豫为帝，而彼仍不欲妄图全国。其后值南宋赵构之昏愚柔弱，又多猜忌，忘仇耻而去忠良，任宵小。金人乘此机，未尝不可灭宋而君全国也。然卒无意图南，而与宋媾和焉。虽以金主雍（即世宗）之盛治，犹对宋让步，讲好修睦。固由此时宋廷，非赵构时代之比。然金人无意南下，则除逆亮外（金主亮最无道，以伐宋致败而死），殆为其先世以来一贯政策。金人最不善理财，而享祚殊久者，则以其不轻启野心故耳。

清人之兴也，初亦不欲入主中朝。其兵力时迫帝都，而自引退，还冀中朝与之讲和，犹是辽金之用心也。惜乎明廷无有深识，既不能平流贼，又不能和满洲，浮昏扰攘，自底于亡。及流贼陷北都，崇祯皇帝殉国，清人始动入关之野心。内地诸汉奸又怂恿之。迄入主全国，则悉移其族类，分布内部各省，号为驻防。天道恶盈，历二百余年，其故部族类，几于绝灭。乃知辽金时代所以不愿扩张，而令其种类保聚于故土者，其智虑深远，不可及也。此又可为百世之殷鉴矣。

满族入主内部，次数较多。而时有美绩，能绍述汉族英君贤相之志。如北魏孝文、金世宗与清康熙诸主，其英贤之誉，不可没也。

三、蒙族

今之内蒙外蒙诸同胞，统称蒙古族，亦省称蒙族。世居本国北塞，亦间有散居东北西北各塞者。古代之獯鬻、玁狁，及秦汉魏晋时之匈奴，皆今蒙族之先辈也。而史家以为即今之回族者，此盖臆说不足据。蒙族本吾国朔北一大族也。元朝时代，其势力且达于欧洲。岂小部寡民一旦崛起，而能至此乎。以理推之，蒙族当是吾国朔北有悠长历史的民族。故匈奴、玁狁等，当是蒙族先辈。

匈奴自汉族衰微，种人分散。晋代五胡之变，匈奴首祸，而败亡亦最先。其后有铁勒及奚诸部（皆匈奴别种，见《北史》及《旧唐书》等），势力稍振。至唐朝初，归附朝廷。天子嘉之。自唐以后，匈奴各部分散，颇有与突厥（即回族）及东胡（即满族）杂居，而为其臣属者，抑有伏处漠北而与外面绝关系者，皆久而不振焉。

爰至宋朝，鞑靼种人，始兴朔北。其势浸盛，并吞诸部，而称大蒙古国。后来灭夏并金，又推倒宋之皇室，晏然为中国共主，是为元朝。

然未及百年而亡。则以明朝高皇帝，以汉族而崛起于本部，能领导汉族及各族人，以修明政治。故元室不得不倾覆也。其为匈奴遗裔无疑。不然，则此新兴民族，岂能一旦自天而降乎？若谓匈奴是回族先民者，则蒙族何所从来耶？

或有谓蒙族即东胡别支者，外人尤多持此说，却当修正。盖就五族原始而言，固皆同一本。自其分支而言，则五族又不当混视。宋时，蒙古人起于朔北，与当时东胡族虽有接触，但无可以断为同族之理据。两族人之性情习惯，显然确有不同。东胡之鲜卑、辽、金及清人，其入关也，皆易接受中原文化，政策亦较稳健。蒙古人入主中朝，则于中朝文化，不易吸收，而多保存其在塞外时之性质。其手腕甚强，故进取甚骤，而败退亦较速。故谓蒙族为东胡别支者，其说不足成立。外人于吾国族系，自多隔膜不清，而吾国人则不当茫然也。

蒙族当是匈奴苗裔，已如前说。《史记·匈奴传》云："匈奴，其先祖夏后氏之苗裔也，曰淳维。"按太史公（《史记》作者）在西汉，去古未甚远，故籍多有存者。其说当可据。唐司马贞《索隐》引张晏曰："淳维以殷时奔北边。"

又乐彦《括地谱》云：“夏桀无道，汤放之鸣条，三年而死。其子獯鬻妻桀之众妾，避居北野，随畜移徙，中国谓之匈奴。”其言夏后苗裔，或当然也。晋时，匈奴有赫连勃勃者，亦自称为大禹之后。其传说必有所本。或云，赫连疑是伪托汉族，以明其本非戎胡，用自宠异。不知《史记》所载，远在西汉。太史公当汉室隆盛时，值匈奴尚未开化。彼何至故造伪词，而谓匈奴为夏后苗裔，以彼胡俗，猥与华胄同本耶？按《匈奴传》有云：“逐水草迁徙，毋城郭，常处耕田之业。（毋字至此为句。）然又各有分地。毋文书，以言语为约束。……其俗，宽则随畜，因射猎禽兽为生业。急则人习战攻以侵伐，其天性也。其长兵则弓矢，短兵则刀铤。利则进，不利则退，不羞遁走。苟利所在，不知礼义。自君王以下，咸食畜肉，衣其皮革，被旃裘。……父死，妻其后母；兄弟死，皆取其妻妻之。”其记匈奴之俗如此。然则何所贵爱于匈奴，而故称为中夏圣王之裔耶？其必有所据也，明矣。由是征知，蒙族同胞，乃我大禹之苗裔。虽远适穷荒，自为支族，文化落后，戎俗见嗤，然神州哲史（神州者，中国为灵异之地，故云），犹能详其所自。同气之爱，今当加笃也。昔匈奴中替时，犹能挈群西走，建匈加利之名邦。其后元代武功，陵驾中外，震烁古今。后先辉映，有光华胄，亦足奇矣。

外蒙独立，离异祖国。犹望其与内地同胞，更新国策，同御外侮云。

四、回族

回族一词，与回教一词，应有分别。世俗或疑凡奉回教者，即是回族。此大误也。中国人之性情，自昔以来，便好接受外来思想。故无论何教，一入中国，必有众多信徒。何至回教入神州，独无信徒，必限于回族之人耶？大抵回教规约甚严，一经奉教，则其人之所行持服习者，每笃守教条，而有同一之色彩。久之则以同一教者，为同一族耳。实则回教徒，不必即回族也。近年回教之学者，亦多持此说，甚有理据。

回族亦曰突厥族。在今甘肃、宁夏、新疆、青海、陕西等省区为最多。内地各省散居者，大抵素奉回教，不必悉属回族云。

突厥族类，始显于隋。史家每难详其所自。

按《北史·突厥传》云："其先居西海之右，独为部落，盖匈奴之别种也。……为邻国所破，尽灭其族。有一儿，年且十岁，兵人见其小，不忍杀之，乃刖其足，断其臂，弃草泽中。有牝狼以肉饵之，及长，与狼交合，遂有孕焉。……生十男。十男长，外托妻孥，其后各为一姓"，渐至数百家。或云："突厥本平凉杂胡。"又曰："突厥之先，出于索国，在匈奴之北。"隋唐诸书，记突厥先迹，略同《北史》。考突厥初兴，臣于北狄蠕蠕。（史称蠕蠕为匈奴之一支。北魏时颇盛。）狼孕之说，或由蠕蠕诸胡，妄言轻侮。但凡厥民族，草昧之际，类多神话。此亦不足辨也。今人多据《北史》，以匈奴为回族先辈。不知《北史》原无定说。一云匈奴别种，一云平凉杂胡。猜度两端，未衷一是。及至《隋书》，则云突厥之先，平凉杂胡也，而无匈奴别种之语。《旧唐书·突厥传》云："突厥之始，……《隋书》载之备矣。"是亦准据《隋书》，而不谓突厥为匈奴支派。《北史》所以有突厥出于匈奴之推测，盖值突厥始兴，其势未盛，故有此等臆度耳。又匈奴自古代以来，恒为朔北大族。方其盛也，则背叛中朝，不受中夏正朔。而东北及西北塞外诸族（**满族**、**回族**、**藏族**），恒受侵逼而为其臣属。值其衰也，则归附中朝，而入居内地者有之，散处于各边塞群族间者亦有之。此匈奴之名，所以独著；而新露头角的部族，或误被目为匈奴。况突厥初本臣服匈奴别种之蠕蠕。其后强盛，又灭蠕蠕而据有其地。《北史》疑突厥出匈奴，亦非无故。至隋朝时代，突厥种类，便大露头角。当时已知其非匈奴支派，仍不能审其本始，故云平凉杂胡。夫突厥繁衍既盛，其与西羌及蒙古、东胡诸族接触甚多，关系綦密，习俗亦多相近，谓为杂胡，良有以也。但此说毕竟是一种臆测，未堪依据。自隋唐以逮于今，突厥族恒为我中华民族中之一大支族。其本支自有特点。如一家昆季，各人自有个性。《隋书》以突厥之先为杂胡，则不承认其自为一支。此则犹沿《北史》之谬，不可不辨正也。

唐世有回纥者，突厥之别支也。《旧唐书》云："其先匈奴之裔也，在后魏时，号铁勒部落。其众微小，其俗骁强。"按铁勒种类，《北史》称为匈奴苗裔。又记其部属甚多，姓氏各别，总谓为铁勒，并无君长，分属东西两突厥。

居无恒所，随水草流移。人性凶忍，善于骑射，贪婪尤甚云云。按汉魏以后，匈奴分散。《北史》所叙铁勒情形，似是匈奴崩溃以后之实录。故谓铁勒系匈奴别种，亦可信也。回纥本突厥别支，虽常与铁勒杂居，要不可谓回纥即是铁勒。考《旧唐书》，回纥与铁勒，各别有传。《回纥传》在一百九十五卷，次突厥之后。《铁勒传》在一百九十九卷，据北狄之首。回纥铁勒，其始杂居若一，而同臣于突厥，习性亦相似。故《旧唐书》总称回纥，号铁勒部落也，实则回纥为突厥别支。铁勒出自匈奴，二者不容混视。部落虽同，族类非一。《旧唐书》个别立传，盖亦知此矣。惜两传开端，措辞颇欠精检，遂滋后来之惑。又考《旧唐书·回纥传》，回纥之初附铁勒部落者，似即仆骨、同罗、回纥、拔野古、覆罗，并号俟斤。而其后乃称回纥。至特健俟斤之子菩萨者，劲勇，有胆气，善筹策，常击破突厥颉利可汗，俘其部众。回纥由是大振，渐并诸部。及唐太宗贞观二十年，遣使入贡，遂内属。太宗于北地置六府七州，以回纥部为瀚海府。是后叛服不常。具详史传。兹不赘。

又唐季有沙陀者，亦突厥族之别种。其部众

有李存勖、石敬瑭、刘知远，先后僭帝号。皆为时甚暂云。

突厥亦别名回，想自回纥始也。宋时称回鹘。元以后，始称回回。盖取复词便称之故。《元史·俱蓝传》：“至元间，俱蓝国主必纳的，令其弟肯那却不剌木省，书回回字降表以进。又马八儿国宰相马因的等言，凡回回国，金珠宝贝，尽出本国。其余回回，尽来商贾。”据此，则元世回人在海外者，经济力颇优裕。又能为外交辞令，非复从前游牧之俗矣。（马八儿国，当在今马来群岛。）

或曰：前谈满蒙两族，最初种类，皆与汉族同源。此突厥族，若溯其远祖，亦与汉族同源否？答曰：据考古学家所发现之北京人，经鉴定为远在距今百万年前或至少亦在五十万年前。由此征之，则汉、满、蒙、回、藏五族在原始时期，同一血统。已有确证，绝不容疑。谁谓回族不与汉族同源耶？向者外人研究我国民族发源，有谓自西极来者。自北京人发现以后，西来说已不足成立。在鸿古期，我中华民族（后省称华族），已为神州之土著人，非从他方转徙而来。至此，已得确证。若复由此而推考吾先民发展之迹，则由今之冀、察、热、陕、甘、新，而蔓延于满蒙康藏诸塞外，殆为其势所必至之果。故就吾华族分派之情形推测，在鸿古时代之祖先，不妨即名为北京人。（**意即依此北京人，而用为中国远古种类之通称。**）此北京人之子孙，一支留于神州本部者，即今所谓汉族是也。一支蕃衍于东北者，即今所谓满族，古之东胡等是也。一支蕃衍于朔北、内外蒙古等地域，即今所谓蒙古之匈奴等是也。一支蕃衍于西北甘新诸省，并蔓延于中亚细亚等地域，即今所谓回族，古之氐族是也。一支蕃衍于西藏、青海等地域，即今所谓藏族，古之西羌是也。自考古学家发现北京人，而后知吾五族本自同源。易言之，即五族血统，同出于北京人。此其证据坚强无可摇夺者。或曰：五族同源，既闻命已。然今回族大部分，居于中亚细亚及欧洲东部。他处亦多有之。其蕃衍独盛何耶？答曰：自隋以前，蒙古久盛朔北，东胡与西羌，亦常并起称雄，皆侵扰内部，争乱不息。独回族一支，由夏商迄东晋，历世悠远，而于国内无侵逼。其支属散布殊方异域，务勤远略，劳苦坚忍之操与经验俱增，故子姓繁殖，为拘促国内者所不及。

门人资阳陈文馥，昔教于旧京蒙藏学校。尝问曰：若以猃狁、匈奴为蒙族之先者，则回族祖先，在上世岂无征耶？余曰：回族本世居西北边地，与藏族相糅杂。《诗·殷颂》曰：“自彼氐羌，莫敢不来王。”羌即藏族，自昔云然。其所谓氐者，盖即回族之先。后人误以与羌并为一谈，致令回族来源失考，而妄指为猃狁匈奴之苗裔。于是蒙族之先，又不可稽。辗转诬妄，其术卒穷。吾不知唐以来史家何故粗心如是也。晋世五胡系别，氐羌犹不相混。盖依上世传说，未失其本。夫《诗》以氐羌并举，诚以此二族，杂居西北边塞，其习性或相近，其归中朝亦相同，故并言之耳。回族在上世可征者，即《诗》所谓氐。此当为铁案而不容疑者。审地望，辨源流，回藏二族，自昔杂居西北边，至今而如其朔也。则知《诗》言氐羌，即今回藏二族之先，的然可据。又旧史以氐为有扈氏之后。有扈氏，古代诸侯，本汉族也。《括地志》称其国在雍州南鄠县。夏帝启时（**启，大禹之子**），有扈氏不服朝命。帝启伐之，灭其国。有扈氏之族，盖由此西徙，与有苗氏杂居云。自唐至于虞夏二朝时代，皆努力于国家统一之功绪。舜、禹伐有苗，帝启征有扈，皆以其不服朝命，妨碍统一，而伐之耳。有苗、有扈，皆汉族群侯。观《尚书》所载，未有蛮野之习、凶暴之行也。及其流移边塞，种类蕃衍，犹复慕义来王。同气之感，可谓深哉。如上所述，羌之后衍为藏族，氐之后衍为回族，确不容疑。其在汉世，所谓西域之国者，概属此二族。唯以其杂居之敝，史家亦略不详其支别。但实际上，其称姓未尝失考，故晋世犹有氐羌之辨也。氐人在晋世，僭帝号者，以前秦苻坚为最盛，亦最贤云。

晋世五胡族姓，分匈奴、羯、鲜卑、氐、羌，名之以五，实则四族也。史称羯即匈奴别种。别种皆言分支。殆以其别成聚落，故谓之别种，而授以羯名。准此，则羯种实匈奴。故止四族。匈奴为蒙族之先。鲜卑为满族之先。氐为回族之先。羌为藏族之先。其派系历然，至今不可紊也。夫匈奴出自夏禹，史迁记之。鲜卑东北之族，古谓九夷。夷者，仁也。以其源出夏人（犹言汉人），文德未替，故褒美之曰夷。氐羌二支，一出有扈，一出有苗，皆夏人也。自殷商时，已见称于《颂诗》。然汉史传西域诸国，即今西北同胞之先民，而于族姓，未加详辨。迄至晋世，五胡之判，始知西北分氐羌焉。盖是时诸族皆深入中原，与中原人接触密切。而诸族各守其先世遗言，皆能知其所自出。故西北之族，若氐若羌，一出于有扈，一出于有苗。殷商以后，中朝之史虽多失载，而此二族在晋世犹能自言之，于是中原人亦由此知西北族姓有氐羌之别也。今所谓满蒙回藏即古匈奴、鲜卑、氐、羌四族。四族之始，皆为夏人，自中原流徙于边塞。本支百世，不忘亲爱。虽中间亦常互相攻伐，而今则同气之感弥深，御侮之忱益著。吾以为，今不当复分汉、满、蒙、回、藏五族之名，只统称华族焉，可也。华者，大义（章氏云，华胯音近，今北方称大人曰胯子），是吾先民之旧称也。然著其分支，而仍存五者之名，亦复无碍，但不可忘其本耳。（吾说至此，而邓生永龄以为此说精确无可易。近时史家皆以氐、羌混视，而同说藏族。今此以氐羌分别回藏，改正从来谬误，尤不可忽。）

吾国政府对于边区教育，向不知注意。然清朝以来，回教学者，间有以孔孟学理与回教经旨相融通。此为学术界最好之现象。盖真理元无异致。群圣之道，自有会通之处，不可过分门户。

惜乎努力于此者，其人数太少。今后唯望青年学子有志于斯，立身立国，自有贞常之道。故先哲学理不容一切鄙弃。至于科学思想，为吾人日常生活所必不可缺。尤望边省当局，加意提倡。如任边省多数回教同胞废学失教，将不为立国久长计乎。

五、藏族

藏族，俱云西藏族，亦曰羌族，又译图伯特族。世居西域，即今西藏、西康、青海等处。（汉时所谓西域，包括葱岭以西及印度，今此谈藏族，且约西藏等而言。）

藏族最古者为羌，亦云西羌。《后汉书》曰："西羌之本，出自三苗。姜姓之别也。"此则以三苗为神农氏之后。汉时故籍未泯，其说必有确据。姜与羌本同音。《通鉴·外纪》："神农长于姜水。"近人以为当在今陕西宝鸡县。由陕趋陇蜀而流徙西藏等地，其势亦便。晚世学人，好为异论。每谓苗与汉非一族，汉人驱苗而有其地。纯是逞臆妄谈，绝无佐证。舍古籍不信，而尚臆说，未知其可也。夫古代苗民乃是汉族中之一姓耳，非其血统有异也。虞夏时，有苗梗化。同气之中，而有顽强，亦常事也。然帝舜诞修文德，而苗人以格。何尝驱逐之耶。苗人西徙，当由其强悍，能勤远略耳。及其后裔，僻处西隅，犹述职帝廷，不忘内向。《殷颂》曰："自彼氐羌，莫敢不来王。"同气之爱深矣。周兴，文王率西戎，征殷之叛国以事纣。及武王伐商，羌髳率师会于牧野。汉初，匈奴不念同根，时举兵内犯。尤赖西域五十余国，归附皇廷，遂令匈奴势孤，边疆息祸。藏族在前世，常与中朝亲昵，扶持正义。昆弟之好，永世不渝。今之藏族同胞，缅怀先德，何忍忘也。

《后汉书·西羌传》开端历叙夏商以来戎患。如犬戎、山戎、西戎及春秋时杂居内地诸戎（如太原戎、申戎、六济之戎、陆浑戎等等，不可胜纪）。并秦时义渠大荔等戎。格其地望，或在今陕西三晋边地杂居，或在朔北塞外，皆汉代所谓匈奴，非西羌也。书中首论戎患，连类及之耳。义渠亦入据今甘肃地，然其族姓当属匈奴。唯王武丁，征西羌鬼方，三年乃克。《汉书音义》曰："鬼方，远方也。"当即今西藏、西康、青海诸地。以其距殷都甚远，故云鬼方也。

又文王率西戎，征殷之叛国。此所谓西戎，当即西羌。取征于《诗》，“文王之化，行于南服”，则以南国有离殷之志，故文王之化易入也。文王引西羌以征南国之不顺于殷者，所以为至德。自西羌而出庸蜀，向江汉，声气所播，不可得阻焉。文王之妙于通变也。其后武王伐纣，羌与庸蜀等皆以师会，见于《尚书》。即此可证羌与周室之关系，甚深且久。故知文王所率之西戎，即西羌也。文王服事殷，而羌从之。及武王以殷终不改行而伐之，羌又以师会。羌同心于周室，可谓忠顺已。

秦汉间，羌人多入居陇西等地，与匈奴交通。其俗日益鄙野。范书称其强则分种为酋豪，弱则为人附落。更相抄暴，以力为雄。堪耐寒苦，同之禽兽。虽刚强之气足尚，而礼义之化已衰。范书于羌人颇致丑诋之词（如云同之禽兽），彼所见者，盖当时流移于今甘陇诸地之羌，而非其本支也。羌人本支，在今西藏全境。后汉时，当已接收印度文化。故魏晋间，藏族同胞多入内部而传播佛家思想。其理解精深，堪追梵方明哲，安得同之禽兽耶。

西羌本土，即今西藏。治藏文者，谓藏文语

根，多与国文相同。盖藏人本汉族姜姓之裔，宜其语源同也。但因僻处西陲，与印度交通较密，故其文字与梵文同系，而与本国衍形文字成异焉。（前汉《西域传》中所记诸国，多数属今藏族之系统。或称杂匈奴，然更有今回族之祖先，如大宛、乌孙等是也。）

流徙今甘陕诸地之羌，在东汉时，最为中朝所患苦。范书称其种类繁殖，性坚刚勇猛。自光武帝时，便寇掠金城、陇西诸郡县。其后豪酋日众，狭党横行寇盗。终东汉诸帝之世，未尝衰止。朝廷数遣大将征讨。府库告竭。百姓死亡，不可胜数。并、凉二州，耗为废墟，可谓惨矣。及羌祸削平，而汉祚亦随倾。范书所以深诋也。

藏族虽源出古帝神农，然自晋以后，颇杂东胡（即鲜卑）种类。盖唐世有吐蕃者，为晋时南凉秃发利鹿孤之后。利鹿孤有子曰梵尼，率众西奔，乃于羌中建国，为群羌所怀，以秃发为国号，语讹谓之吐蕃。（参考《旧唐书》等。）其后子孙繁昌，土宇渐广。至唐代，始归附中朝，修臣职甚谨。太宗皇帝以文成公主妻之，是后屡嫁公主于吐蕃，其血统与皇族混合，自此始。然习俗强悍，终唐世，叛服不常。后历宋元以逮明清，部众分居，竟奄有前后藏全境云。

又唐世有党项者，在古析支之地，先族之别支也。旧分诸姓，曰细封氏、费听氏、往利氏、颇超氏、野辞氏、房当氏、米擒氏、拓跋氏，而拓跋一姓最强。又赤水西，有黑党项。而雪山下，亦有党项。于前述诸姓，又为别子焉。凡诸党项，皆于唐时内属。朝廷悉列其地为郡县。而拓跋氏之裔，自唐至宋，世官于朝，统有夏州，后乃割据其地，而称国曰夏。《辽史·西夏传》曰："本魏拓跋氏后。"此则以党项诸姓中之拓跋氏，而误认为北魏之拓跋氏，不可无辨。

又有吐谷浑者。其先世，为晋时辽东鲜卑徒河涉归子，名吐谷浑。有壮志，匹马西奔。其子孙渐大，历受刘宋及拓跋魏封爵。后乃建国，纵横数千里。都伏埃城，在青海西十五里。（参考《北史》。）族众不忘其祖，故以吐谷浑名焉。至唐世，并于同族之吐蕃云。

据前所述，今之藏族，本出汉族姜姓，所谓有苗是也。但自晋以后，亦杂有东胡族。而东胡之先本出汉族，于上世流徙东北，久乃别为一支焉。故推本言之，东胡与古羌族，其原始血统，非有异也。今日人有谓西藏人与彼族有血统关系者。此于古书全无依据，不知何以云然。

又有谓西藏属印度人种者。此亦无史籍可据。然以理推征，与其说藏人为梵种，不若言印度人为中华民族之别种。盖由所谓北京人而征之。中华民族既为远在距今五十万年前，或百万年前之古族，其发展由东而西，以渐滋殖于印度。其势甚便。或由西北赴印，或南中由缅甸赴印，皆有可能。如谓古代交通不便，此亦迂陋之见耳。吾国先民北匈奴之衰也，挈群西走，卒乃得庐弥之地，建匈加利之名邦。昔先民西突厥之衰也，率众西行，卒乃下东罗马之故墟，建土耳其之新国。此皆未有现代交通工具而成兹伟举。以此类推，鸿古时代之中国人，能流徙印度而据之，何不可能之有。此虽吾一人之假定，尚未搜得充分证据，然就语言习惯上征之，略得一事焉。如《庄子》书中，所谓重言者，即假于古人以为重也。其所假之古人，必是历代相传为过去世实有之古人，乃可假其言以为重。其所言之义虽是假托，其语气必遵用古时所有者，否则人不之信。按《庄子·则阳》云："天而亡朕耶？"尊人为天，六籍以来，久所未见。当是远古时语，而后来失用耳。《庄子》所引，必据远古之籍。此等语气，决非其所臆造也。其假于重言，必引用古语也。印度人之致尊于人也，亦呼以天。即此可证吾国远古语言习惯之遗存于印度者。惜此证尚孤。愿宏博君子留心斯事焉。

除上所述外，尚散处有两粤、云、贵、川、湘各省之夷人。名目繁多，不暇细述。略举类别，则有所谓苗、猺、獠、猓猡、犵狫等等。若细分之，当有数十种。或总目为夷人，或总称为诸蛮。近人有谓一切夷人，统属苗族，乃是古代苗民之后。此说全凭臆想，既无史料可据，而理论上亦不可通。清朝末叶，外人妄倡中国人种自西方来之说。吾国学子，完全信从。于是有好异者起，而以苗民为中夏之土著人。谓吾汉族自西极来，乃驱苗而抚有中土。又复以今日南中各省之一切夷人，为古苗民后裔。因古时被逐出中原而孑遗偶存于西南山谷也。其说之由来盖如此。自北京人发现以后，西来说已不攻自破。中国人种，既是鸿古时代之土著人，则生长于一地之苗人，焉得别有血统而不与汉族共祖耶？焉得判为异族耶？故知古籍以苗民为姜姓，本神农之后，绝非虚语。近世后生浮薄，好为异论，轻疑古籍，真可痛惜。苗民既是汉族，则唐虞诸帝，纵惩戒其中不良分子，断无将其子姓尽行驱逐之理。清末以来邪说，都不攻自破。

夫汉族从西来，及苗人另为土著之一族，与汉人驱苗族，如是种种臆造之邪说，既皆不足成立，则据古籍而知古代苗人为汉族中之一姓，是义决定。因为古籍所说既没有反证，故决不可摇。于是复有一问题，即今西南各省山谷夷人，其果出自古代苗民否耶？吾于此敢断言曰：今西南各省一切夷人，都是汉族，决定无疑。但不能谓其本支世系独出于古代苗民一姓，因为此事不独无证据，而且无有理由可以持此说。今之疑夷人为古代苗民后裔者，大抵因诸夷人中有所谓苗子之一种。实则今所谓苗子一类人与古代苗人，只是名称之偶合，决无世系相承的关系。此事本无证故，又无理由可认故。余以为今西南各省一切夷人，其祖先都是汉族。因其伏处僻县深山之内，地方荒陋，交通素不发达，耳无闻，目无见，其知识日以塞，生活日以困难，久之遂降落而为一特殊种类，乃被人轻视，而目之为夷。彼亦忘其所自，而自称为夷。门人永善邓永龄云，家乡故有俗所谓苗子者，自称夷家，谓我等为汉家，不知本是一家，无汉夷可分也。永龄持论，亦与吾同。夫西南各省之在国内，本属区区一隅。而此一隅之地，夷户比较汉户，特居少数。如何可说此少数夷户，别是一个血统，而与汉人不相联属耶？若汉族果由外方迁来，则谓夷人为土著，与汉族不同血统，犹可说也。自北京人发现，已证明汉族是中国远古时代的土著人，绝非由他方转徙来此者。然则谓西南一隅别有少数山谷之民，向为夷家而与汉族不同血统，不共祖宗，此等观念，可谓迷谬至极。年来社会热心人士，颇有注意调查此等降落的同胞之生活状况，藉谋改良。顾犹沿袭过去迷谬观念，未能将夷汉区别，加以辨正，为之扫除，其何以昭示平等，扶持正义？吾鄂之黄冈人也。少时阅史，见有以吾先民为蛮者。（**似是《南史·诸蛮传》中，以今河南光山与湖北故黄州府一带，有诸蛮云。顷无书可查。**）六朝时，光黄之间，或文化较低，其人勇悍尚斗，而遽目以诸蛮。若与齐民不同种类者，岂非可笑之甚乎？今之妄分夷汉，过亦同此。是故应知，今所谓夷人，实是汉人之降落而退化者。如贵家子弟之降为贫隶者然。但其聪明之资、质实之性，比较今日浮华之汉人，或更优胜。如及时注意教育，此诸同胞必能发挥特长，以为我民族之光也。自清末以来，熊凤凰以文学与通达，致位总揆；岑西林以吏治与风节，见推领袖。世皆谓其出自夷族，实则非夷也。其先固汉人也。

五族源流，前已略说。或复问言：公主五族最初同一血统，吾犹不能无疑焉，何也？答曰：人心私于其所近习，久而妄其本。毋囿于习，而照之以理。毋滞于私，而豁之以公。则五族无畛域，不致数典忘祖矣。夫就全人类而言，其始为一元，为多元，虽犹为难决之问题，但就吾中华民族即所谓五族而言，理应决定其出于同一之血统。因为同是一个以大中国为中心而分布四出的人种，决定是同根，而不会是多元的。（此处吃紧。）如果五族之中，有些民族是从他方转徙来入中国，而不是从这个伟大的中国分散出去，那么，便可说这股民族另有祖宗。易言之，即中国各个民族，不是同一血统，是多元而不是一元。今中国所谓族，考其来历，明明都是中国的老土著人，没有一个是他方转徙来的。如汉族，就是老在中国本部，而后向海外发展的。（如朝鲜、台湾、琉球、安南、缅甸、暹罗与南洋群岛，大抵均是最老的汉族流徙去的。又今美洲，亦时发现中国人的遗迹。大概属汉族，因汉族居滨江海故。）如满族，就是老在中国东北边省，而后向朝鲜等地发展的。（朝鲜人，是汉族与满族两支的混合。）如蒙族，就是老在中国朔北边省，而后向西方发展的。（匈加利是蒙族先辈西徙者。）如回族，是老在中国西北边省，而后向各方发展的。（首先流徙中亚细亚及欧洲东部，今则各地多有之。）如藏族，就是老在中国西域边省，而后向印度发展的。（印度人大概与中国人同血统，似是远古的羌人移去的。羌人移印，虽犹待证，而汉满蒙回藏诸族，由国内移出去的事实，却是显然无可否认。）所以前面说，同是以大中国为中心而分布四出的人种，决定是同根，而不会是多元的。因为他们是一个小家庭之内的同胞兄弟，如何可说不同血统？全中国，譬如一个小家庭。因为中国虽大，而在全地球上面来说，却是很小了。在这个小范围内的人类，如何可说各有所本而不是一元呢？（此段吃紧。）所以我确信中国民族（赅五族言）是一元的，是同根的。向怀此意，唯苦于中华民族之源本，未有征据，不便楷定。及考古学家发见北京人以后，乃确信此最初之人种，是吾五族共同的老祖宗。

其后支分派别，乃有今之所谓五族云。

或疑五族既同血统，如何其性习又显有不同？文化发达，彼此亦相隔甚远，其故何也？答曰：一父母所生之众多子女，其知愚刚柔等等，能彼此齐同而无所差别否？又复当知，凡人天性，本无不同。其卒至于殊异者，实受其所处环境之影响。此事甚明，无待繁说。今自科学发明，开发物质与征服天然的工具，将日出不穷。人类改造环境的能力，必日益发抒。凡居处高原大陆的人，后此进步，正未可量。但非短时间所可企耳。吾中原物力，已有耗竭之虞。吾东北、西北诸大陆，向未开发。是在吾同胞一心一力，共守固业，求所以光大之而已。

讲至此，姑且做一结束。现在要说第二个题目了。

第二编　修中国通史议

历史之学，所以数往知来。其意义幽广。（幽者幽深。广者广博。）其责任极重大。凡一国之历史，其对于民族思想之指示与民族力量之启发，恒于不知不觉之间，隐操大柄。故史学，未易言也。国家艰危，民族忧患，莫甚于今日。吾望有深心卓识之史学家出焉，能出一部“中国通史”，勿像学校教科书一类性质的编著。须如司马温公修《通鉴》，直是终身事业。如此聚精会神为之，又必得多数精博之友，以为资助，其庶乎有成也。（温公《通鉴》，实非一手所成，彼不过总持纲要耳。）

凡为史书者，必有一个根本精神，遍注万事万物而无所不在。否则只是比辑事件，可谓抄胥，不成为史，决无感发人的力量。《春秋》最为广大，其根本精神为何，非简单可说。今此且置。自汉四史以下，无论其书为短为长，而通有一个根本精神，即忠君是也。他这种精神，无处不见。随举一例，如范隆臣于刘曜。考刘曜行事，真是不成人类的东西。范隆而臣于曜，则已甘为兽类而不惜矣。然史家以范隆能守直于曜之廷，则称美之为经儒。史家不论曜是何许人，只以曜既为君，范隆已为之臣，则能尽忠节者，即是好人。史家于此，就是依据他忠君根本精神来作裁断的。举此一例，可知其余。试思全部二十四史，忠君精神所给予过去社会的影响，该有多么大。君主高于一切，人人都愿为他而牺牲。

今日民主思想发达。既已废除了君主，修国史者自然是以忠于国家、忠于民族为其根本精神。但是这种精神的灌输，却要先使一般国民对于自家民族免除支分派别的谬误心理，起其天性之爱，而不仅是利害关系的结合。此应注意者一。又关于国家观念，一般人以我国人向来没有此等观念，其实不然。据实言之，我们所谓国家，与西洋列强所谓国家，根本不是一回事。西洋现代的国家，对内则常为一特殊阶级操持的工具，以镇压其他阶级；对外则常为抢夺他国他族的工具。他们的国家是这样的恶东西，列强之间，彼此都持着这样的恶东西相对待。不知将来如何得了。我们的国家，绝不同他们一样。我欲说明他，却难措辞。我听说英国罗素先生曾有一句话。他说，中国并不是一个现代国家，而是最高的文化团体。（不知此语有忆错否，但意思却是如此。）这话说得好，用不着多敷说。我国人向来爱和平、贵礼让，不肯使用凶蛮手段。无阶级于内，无抢夺于外，就因为他常有维持最高文化团体的观念。这便是他的国家观念。由中国人这种观念扩充出去，人类都依着至诚、至信、至公、至善的方向去努力，可使全世界成一个最高的文化团体。岂不大美，岂不大乐？无如今日列强不悟，大家甘心要做强盗、凶狮、抢夺、残杀的事情。我们的东邻，首先以此对待我们的国族。我们今日要维持民族的生命，为宇宙真理计，为全人类谋幸福计，我们都得要保全我固有的高尚文化。我们不得不牺牲，与强盗战，与凶狮战，与抢夺残杀我者坚决力战。我们诚然不能不改造我们国家的机构，以应付非常时局，但并不要变我们固有的国家观念，即始终是保持一个最高文化团体，决不拿来做毁坏人类的工具。历史家对于国家观念的指导，是要正当的。此应注意者二。又关于哲学思想方面，我国先哲向来以尽性为学。性者，宇宙生生不息的真理。在人则为性。尽者，吾人日用践履之间，悉率循乎固有真实的本性，而不以私欲害之，故说为尽。由此，故学问即生活，而非以浮泛的知识为学。这点意思，须是用力于此学者，方可与说。今后，固当努力科学知识，但于固有学术，万不容忽视，否则失其所以为人之理。而科学知识，又何以善其用耶？人类皆习于向外追逐，而不知反，至以科学知能为自毁之具。罪不在科学，而由于无本原之学，以善用此科学知能也。世有大觉，宁不悼此？历史家于文化，必有抉择精识。此应注意者三。略陈此三，至近而要。今治史学者，能慎之于心术隐微之地，则著书垂训，可以寡过矣。

一、上古史略说

“中国通史”的叙述，应该如何划分时期？我以为依史籍记载，追索过去演变之迹，可分五个时期来叙述。

一、上古史。起三皇五帝，至周朝战国时代

六国并亡时为止。

二、中古史。起秦始皇并六国称皇帝时，至唐末五代终局为止。

三、近古史。起宋初，至明两京失陷时为止。（**明失两京，犹不得谓之亡。然已往的局势，至此算告一段落。**）

四、近代史。从清顺治入关，迄溥仪逊位，凡二百五十余年为近代。

五、现代史。民国成立以来，为现代。

上古史，又总分为三个时期。（甲）庖牺氏至尧舜为第一期。（乙）夏禹至西周之终为第二期。（丙）东周平王迁洛至战国时六国之亡，为第三期。此三个时期的划分，各有主要的意义。甲期中，从庖牺氏由游牧进化而成部落，而建国家，而有种种创造，种种制作。至尧舜二帝，乃渐备。所以划为一个时期。

乙期中，从大禹始巩固君位世袭之制，控御万国群侯，而统一于王朝之下，历商至周初，王朝的地位较前益巩固，权威较前益扩大。所以又划为一个时期。

丙期中，平王东迁以后，王朝权威崩溃，徒建空名于诸侯之上，实则王室亦夷为列国。自此历春秋战国，成列强并峙、竞争剧烈的局面。直至六国悉并于秦皇，而后此局告终。故又划为一时期。

甲期的帝系，难为征述。世俗杂书，叙开辟时代之帝皇，有盘古氏。考盘古说，始于三国时。前史称西南溪洞诸蛮，传为盘瓠种。不知果有盘瓠其人否。后来讹盘瓠曰盘古，又曰盘固。附以神话，谓为首出之一人也。此其虚妄，无足深辨。

第一期　庖牺氏至尧舜

中国开辟的帝皇，无正史可查，只散见古籍中。古代正史，当推《尚书》。而《尚书》托始于尧。尧以前，便不载。后儒或谓孔子删《诗》《书》，如果是真的，那尧以前事，便是孔子删去了。然删《诗》《书》的话毕竟不足信。将什么做标准去删呢？若如晚世《史记精华录》《古诗选》，这一类的删法，便无甚意义了。我想，孔子本人未必删《诗》《书》。但孔子的政治思想，确是取法尧、舜的。观《论语》中推尊尧、舜，有曰“巍巍乎，唯天为大，唯尧则之。荡荡乎，民无能名焉”。又曰：“无为而治者，其舜也欤。”即此，可见其受尧、舜遗教的影响不浅。《中庸》曰：“仲尼祖述尧舜，宪章文武。”孟子学孔，而言尧、舜。学脉相承，的然可见。七十子后学，或因独宗尧、舜之故，就于《尚书》全部之中特别提出尧、舜以下的篇章来教学子，转相诵习。那原本日就湮灭了。因为古代尚不知造纸，更没有雕版印刷等术。书籍之保存与流传，都很不易。那不常诵习的书，既已失掉，唯尧、舜以下的篇章，尚为儒生所日用不离。因此误传为孔子删《书》。至于删《诗》的话，我想孔子不必有此事。但古诗也许不止此数。（《史记》云，古诗三千余篇。）或因门人取其合于弦歌者而肄习之。这一部分诗，便流传下来。其余有许多不常入弦诵的诗，因简策不易保存，便亡佚了。后人由此误传孔子删《诗》。我这种推想，或者较近事实。

有人云，《史记·孔子世家》已言孔子之时，周至微而《礼》《乐》废，《诗》《书》缺。所以孔子序《书传》，上纪唐虞之际。故知尧以前帝王事，非是孔子所删，只是那时书策已自缺了。故孔子只好序自唐虞。余谓孔子时，《书》有亡阙，自不待言。然独尧以前，完全亡缺，而无一篇之存，此恐未然。吾意孔子根本未曾删过《书》，亦不是因尧以前的《书》全缺才从尧序起。据《论语》，说孔子雅言《诗》《书》《易》《礼》。大约尧、舜以下，孔子所雅言，就流传下来。既非孔子对于《书》的简篇有所去取，亦不是尧以前的记载，当孔子时便全亡缺，至一篇没有。孔子于尧舜以下，是所雅言。试征之《论语》便可见。《论语》记孔子称述尧、舜、禹、汤、文、武、周公的话，都非常扼要。当时雅言所及，自不止此。然即此已可窥见孔子精神所寄与其思想渊源。然则二典与商周书，略有存者。只因七十子后学宗主师说而常传诵之故，其他便不幸散失了。总之，《尚书》原籍亡佚。古代帝系，遂难搜考。唯有求之于古籍散见者。

《春秋·纬》古皇十纪之说，宋罗泌果于信从。虽未免诞妄，然其中所列帝王名号，必非全无所本。上古部落甚多，各部君长，尽有许多贤明的人。其名字流传于后，渐有附会，遂有误将这些名氏，编成帝皇世系。如《循蜚纪》所记二十二君；《因提纪》所记凡十三氏。《禅通纪》，详循蜚以后，黄帝以上诸代。凡此所述世序、年代与行事等等，虽传说悠谬，难以征信，然其人名号，不必尽属子虚。有的也许是小部落之长，有的也许是建国以后的帝皇。至于行事，亦多有可信。如说辰放氏见人民不知蔽体，而教民衣皮；大巢氏见人民不得安居，而教民构巢；燧人氏见人民不知熟食，而教民用火。这都是上古应有的发明。这些发明家的名号，自是人所不能忘的，如何得都不信。唯《五龙纪》，称有皇伯、皇仲、皇叔、皇季、皇少五主，其名号可疑。然或某部之长，其弟兄五人并贤，俱为部众所爱戴，亦无足怪。又《九头纪》，以人皇一姓九头，谓九人也。古语质，如今人数鱼鸟，以头数计之。人皇，大抵亦部落之长。皇者大义。人皇，则大人之称。如汉以下诸胡中，有所谓诸部大人也。人皇，即以其地位受称，名字失传。然人皇必确有其人。至若天皇、地皇，则或因有人皇之称，而附会及之，不必信有其人也。《摄提纪》五十九姓；《合雒纪》四姓；《连通纪》六姓；《叙命纪》四姓。亦皆诸部君长，不必疑此等姓氏都无。如《路史》称合雒乘蜚鹿以理，连通乘蜚麟以理，叙命驾六龙而治。上古部众，随逐水草。其长，能驯服鹿及龙等物，自常事也。

又《因提纪》中，有庸成者，守于群玉山。近人以为葱岭，则今藏族或有庸成之后，不唯姜姓也；即印度，亦有庸成苗裔，未可知耳。余以为《十纪》，当是《三坟》古典中佚文。后世虽多附会，其人名必实有，其事迹不尽无。远古之籍，仅此残存，甚可宝贵也。

《十纪》所载诸氏，大概是众部之长为多。至自昔相传，有三皇五帝者，当是统一诸部，而建立国家，最有勋德的大君主，唯三皇五帝名氏，古有两说。一、太史公依《世本》《大戴礼》，以黄帝、颛顼、帝喾、唐尧、虞舜为五帝。谯周、应劭、宋均皆同。二、孔安国《尚书序》、皇甫谧《帝王世纪》、孙氏注《世本》，并以庖牺、神农、黄帝为三皇，少昊、颛顼、高辛、唐、虞为五帝。吾谓当以第二说为正。

关于古代谣俗、信仰与器用等等，近时地下发现的材料，须待考古专家供给。

上世文物肇开，如衣服、居室及田猎、攻战、农耕、交通等工具，乃至立官、修纪（谓伦理及法律等。）、施政、御敌种种行事与夫文字、书史、学术思想之原，分类搜集，必博览周秦故籍。汉以下，记述古事者，亦多可推考。

自昔相传庖牺氏画八卦。此当为文字之始，亦为算数之始，亦为哲学思想之始。每卦之数，始于一而成于三。明有一则有二，有二则有三，对待以成其变化。一切事物，由是起也。或谓庖牺氏常时画卦，本为占卜之用，未必有如后儒所说许多大道理。此意吾亦相当赞同。但庖牺氏确有窥于事物变化之原理则不容疑。不然，何能画出这卦？又古帝名号，多由后人依其创立勋德而为之称。庖牺始作结绳，为罔罟，教民佃渔畜牧，最有功烈，使民能以牺牲供祭祀，肉食充庖厨，故民思之而为之号也。是时，未脱游牧生活。《易系传》称庖牺“仰以观于天文，俯以察于地理，近取诸身，远观诸物。于是始作八卦”云云。这段话，如此亲切，确是上世流传下来。迄至孔子，又授诸七十子，转相传受。后来笔之于书策。我们由这段话，尚可想见游牧时代的大首领，他在流行活动之中，运用他的天才，仰观俯察，近取远观，忽然悟到变化之妙，所以画出这卦来。我在少年时，颇疑庖牺当上世，未必有这种创见，后来自觉这是一种错误的推想。人类的天才，没有古今之异。况我先哲凭借优美的环境，灵思欻动而深测化理，自是应有的事。从古相传画卦自庖牺，绝无歧说，此何可疑？

黄帝轩辕氏，为三皇之一。今或不信有其人。此好异之过也。或谓故籍言黄帝者，其时代至早亦在战国时。战国人好作伪，故不可信。不知战国人容有造伪语，而托为古人事，以饰己说者。抑古事有流传失实，而学者不审，或好异而妄称之。但必古代实有其人，（此处吃紧。）然后流传失实之事，有所托焉。如尧帅诸侯以朝舜，见辟于孟子。此等无根之谈，事虽不实，然尧与舜之二人则实有也。否则其说亦无所托。又如《庄子》书中有寓言焉，鲲鹏等说是也。有重言焉，凡称引古人者是也。寓言，如齐谐志怪，庄生自言之矣。若夫重言，既假古人为重，则其所假之古人，必为实有可知，否则一已捏造之人名，世所不许，已足启人疑谤，而可假其言以为重乎？（此处吃紧。）世疑《庄子》所引古代人名，不必实有其人，此未思之过也。当知其所托之人，必古所实有者。唯所说事义，则本出己意，而假为出自古人，期以取信于世耳。《庄子》书中，称黄帝者甚多。岂古无其人而捏造之耶？《易系传》之文，为孔子亲笔与否，虽难断言，然为七十子后学口说相承，渐修饰以登简策，则断不容疑。孔子自云“五十学《易》”，又云“五十知天命”。《十翼》出孔氏，昭然不容否认。《易系传》已言黄帝，安得曰始见战国人书耶？又凡初民神话中之人物则其非实，不待辨而明。神话本身的性质，显然不同历史故也。若盘古头为山岳云云，天地等皇，寿各一万八千岁云云。此等神话，谁有误认为历史事实者乎？

按黄帝为尧高祖。《史记》称尧父帝喾高辛氏。高辛父曰蟜极。蟜极父曰玄嚣。玄嚣父曰黄帝。其时代在庖牺、神农后，早离初民草昧之代。《易系传》曰：“黄帝尧舜氏作，通其变，使民不倦。神而化之，使民宜之。”又曰：“黄帝尧舜，垂衣裳而天下治。”皆以黄帝与尧、舜相连成文，足征其时代接近，故治功亦同。《史记》所称，亦与之合。自伏羲时，已有文字、算数，且通自然现象变化之原理。其作罔罟、教渔业，似已渐离游牧，而进农业社会。神农氏兴，则耕稼已盛，又创作农具、察水泉、析土宜，又因辨谷类而尝百草，遂发明草药，为医学宗。是时已有许多科学思想，又创为交易之法，商业浸发达。社会进化如此，而黄帝氏始兴焉。此岂神话时代耶？《史记·黄帝本纪》，本据古籍甄录，皆经国大业。最著者，约有三事。

一曰，时播百谷草木（此即继神农氏，而推广农政），淳化鸟兽虫蛾（此即讲求畜牧与蚕桑也，虫蛾谓蚕），旁罗日月星辰水波土石金玉。（此谓上察天象，下穷水土金玉等物产。）勤劳心力耳目，节用水火材物。此可见其开发生产，无处不周。不然，何能开物成务而奠国家永世之基乎？

二曰，披山通道，未尝宁居。东至于海，登丸山，及岱宗。西至于空桐，登鸡头。（《索隐》云在陇西。）南至于江，登熊湘。北逐荤粥。（荤粥，即汉族之徙于朔北者，后至汉世，则谓之匈奴，其俗犷悍，屡为暴乱。故逐之。）此言黄帝巡省四方，平治道路，以利交通。当时统一诸部，而建立国家，以交通为最要。帝未尝宁居，以全力经营此事，可谓知所先务者。（此中四方所至，称其巡章之迹耳。非谓其国境如是。盖当时修治内部交通，必亲历四方，相度地理。）

三曰，平内部蚩尤之乱。蚩尤本汉族，盖当时部落之长。《管子》书称其受卢山之金，而作五兵，最为凶暴。故黄帝讨平之，以安定内部。

（晚世有疑蚩尤为异族者，此妄谈也。中国人种，皆同一血统，何有异族乎？）

《史记》述此三者，皆建国大勋。其余制作文物，散见载籍者，如划野分州、经土设井、立步制亩、确定社会组织。又帝之史官仓颉始作书。盖承伏羲之后，别有创明。帝之臣大挠，始作甲子。又有容成者，制盖天（浑天仪），及调历（黄帝历名）以定四时。又始制冕服，焕乎其有文章。又帝始命隶首定数，造为律度量衡。命宁封为陶正，赤将为木正，以教百工，以利器用。又命挥作弓，夷牟作矢，想必于蚩尤五兵之作，别有发明。不然，何能胜蚩尤乎？又命共鼓，化狄刳木为舟，剡木为楫，以济不通。邑夷作车以行四方，服牛乘马，备物致用。民乃大利。又作军用物，如旗、纛、镯铙、鼓角、灵鞞、神钲之类，使战陈可以利指挥，作军气。又伐木构材，起建合宫。明堂敷政，创立其规。又始范金为货，制金刀五币以御轻重。《易·系辞》所谓通其变，使民不倦者也。又帝元妃嫘祖，始教民育蚕。又命伶伦取竹，澥溪之谷，断两节间而吹之，创定音律。又立司天之官。命臾茞占星，斗苞授规，正日月星辰之象。并令羲和占日，尚仪占月，车区占风，各掌天文之事，气候测验精审可知。是则开物成务，创制显庸（庸，用也。显庸，谓备万物而显其用也），莫盛于黄帝之世。《大戴礼》：“宰我问孔子曰：‘荣伊言黄帝三百年。请问黄帝何人也，抑非人也。何以至三百年乎？’子曰：‘生而人得其利百年，死而人畏其神百年，亡而人用其教百年。’”详此所云，既非神话，又非见于一书之文，则黄帝为实有，可知。夫乌有先生，唯神话中有之耳。今此散见各种正书，又非有共同造伪之约，安得以黄帝等诸神话中人物耶？

或疑晚世方士，有所谓五帝之说。如东方青帝，西方白帝，中央黄帝之类。而此黄帝名号，似是方士所托。不知晚世方士之谈，另为一事。安得以方士有所谓黄帝之名号，而疑古代黄帝为无其人乎。果如此一则当因方士有所谓帝之名号，而疑自昔以来历朝之帝为都无也。按黄帝制作虽多，而其最使社会注意者莫如定章服，以章五色。古者以黄为正色。人君衣黄袍，帝官作黄色，其源或自黄帝。《易》曰黄中通理。服色尚黄，颇有意义。（民国以来，始从西俗，章服不尚黄。）黄帝之号，或因其制定服色而得称，未可知也。

黄帝经道家伪托。（庄子始托其说于黄帝。）自战国迄汉初，想必经道家者流，附会许多妄诞之说。史迁所谓“百家言黄帝，其文不雅驯，荐绅先生难言之”。夫曰不雅驯，则为怪诞之谈可知。若关于文物制作诸事，则无所谓不雅驯也。史公又曰：“总之，不离古文者近是。予观《春秋》《国语》，其发明《五帝德》《帝系姓》章矣，顾弟弗深考，其所表见皆不虚。《书》缺有间矣，其轶乃时时见于他说。非好学深思，心知其意，固难为浅见寡闻道也。”据此，则史公作《黄帝纪》，其征考最为矜慎。后人何可妄疑？若古书一切不信，则古事无可谈也。诸书散见黄帝事者，既非神话；又据《尚书》而考尧舜时代之文化，亦当有黄帝之文物制作，为其先导。否则唐虞之盛，何可骤至？故不独黄帝实有其人，万不容疑，即诸书所纪黄帝时代之功绩、创制，亦断断不可妄疑。

中国民族本最古（由北京人之发现可证），其开化特早，原无足奇。今日学子，好立异以为高，不惜矫诬古籍，变乱事实，乃至摧毁民族数千年信仰所集之标的，毫无畏惮。此为可痛之现象。闻有以大禹为虫，而无其人矣；有谓屈原无其人矣；有谓墨子非中国种矣；有谓唐太宗为胡产矣。种种怪妄，不可究诘。然诸疑大禹，疑屈原，疑墨子，疑唐太宗者，则众人多知其邪妄，往往一笑置之。独黄帝最古，而其名号又似难索解，于是疑黄帝之说，易以惑人。

余以黄帝为中国五族之元祖。数千年信仰所集，故不能无辨。余坚确之信念，则庄子重言，既称黄帝，必古有其人，亦为世所共知有者，始可假其事与言，以为重。又凡有人名而无实人者，唯神话中之人名，则然。今诸书涉及黄帝者，多系正规典册，绝非神话性质。而所传名事，又非怪诞之谈。以此，确信黄帝实有其人。愿将来修通史者，于此注意焉。

孔子之政治思想以伦理为本，实导源于尧、舜。《虞书》云，“帝曰：契，百姓不亲，五品不逊（《史记》逊作驯），汝为司徒，敬敷五教，在宽。”按五品者，父子、君臣、长幼、夫妇、朋友，五伦也。五教，谓父子有亲，君臣有义，长幼有序，夫妇有别，朋友有信是也。亲义序别信五者，本于天性而达于伦类之中，各得其理，是所谓道德也。吾国先哲，其言道德，无不以为本于天性者。功利之说，则未之有闻也。今依五教，略明其义。

首以亲言。父母之亲其子，子之亲其父母，皆非有所为而为之也，皆出于其本心之不容已也。本心之不容已者，即天性也。其有失于亲者，则后起习染之私为之，而本心不存焉者也。本心不存，非果泯亡也，直为习染所障耳。

次以义言。义者宜也。君以恩礼使臣为宜，是亦自求诸心之所不容已也。非将有所利于其臣，而始为此也。然而君或有所利而为之者，则是君自丧其本心之良，亦习染害之也。臣以忠信事君为宜，是亦自求诸心之所不容已也，非将有所利于其君而始为此也。然而或有所利而为之者，则是臣自丧其本心之良，亦习染害之也。

长以慈幼为序，幼以敬长为序。（**序者理也，长不慈幼，幼不敬长，则失其理。**）皆各发于其本心之所不容已也。设使有长而暴幼，及幼而慢长者，试令其人平情静气，屏除习染，而自叩其良知焉，则必皆有所不安于心者。此不安之心，即天性之不容已也。夫妇之别，朋友之信，一皆发于其本心之不容已。纵淫无别，诈伪无信，必其习染乘权，本心沦丧，而后不觉其非也。否则其心有能一日安乎？故亲、义、序、别、信五者，皆人之天性所固有，而达之伦类之中，以各当其理者也。此五者，具于无性，谓之道。人率而行之，以有得于心也，则谓之德。然凡民在日常实际生活之中，往往于无形中拘其形骸而有自为之私焉，于是起诸习染，而不克有其道德。此教之所以兴也。教者，因人之天性而启之，将使人反求其在己者，在己者即谓天性。非能增益以其所本无也。在宽者，本身作则以化之，因其善端而诱之，崇奖有道者以劝之，终不以威刑齐之也。若齐之以刑，则是从外面拘束而使之然，非所以使之反求内在的本心（天性），而敦自然之化也。（非字一气至此。）唐虞设教之本旨盖如此。

故孔子称美尧舜之辞曰："大哉尧之为君也。巍巍乎，唯天为大，唯尧则之。荡荡乎，民无能名焉。"尧使人自得其天性而已，未尝以己宰物也。天成物而不宰。舜德犹天也，万物不谢生于自然，而何能名尧之德焉？孔子称美舜与禹之辞曰："巍巍乎，舜禹之有天下也，而不与焉。"不与者，言无所事于天下也。任天下之人各得其天性，而无不治也，而我何所事之有？此舜禹所以上同乎尧也。（注家解不与，以为视天下于己若非所有者。此解殊浅陋，非夫子本旨也。）从来学者，皆言孔子贵尧舜无为之治，顾不了无为之实。若曰无所为作而已，则是隳败天下事也。若曰为而不扰而已，则如何而后能为之不扰耶？仍未有说明也。须知孔子政治思想以伦理为本。其言伦理，则本之唐虞五教，将使人各反求其天性。亲义序别信，油然畅然达于父子、君臣、长幼、男女、朋友，一切伦类之中，各得其理。天下熙熙焉，皞皞焉。总德而立，旷然天游。夫如是，则虽复经纪万端，修举万事，实乃各适天性，交尽其力。不待约法素习，而循理为治；不待乘敝激变，而更化随进。夫何所为作之有乎？孔子曰："为政以德，譬如北辰。"北辰，无为也。而以德，则其所以无为也。德者，本之天性，以达于伦类之中，各当其理者也。何云以德？敷教之谓以。凡民不克率德，必敷教焉。而后克厥德也。孔子论治，实以唐虞五教为本。修古史者，于此不可不尽心焉，勿以为陈言而刍狗视之也。

今之言道德者，以为亲义序别信不适于新时代也。不知道德的表现，随伦类关系扩大而有新的形式。如旧言伦类，只有五品。今则不当限于此五，而有个人对社会之伦焉。独立、自尊、自觉、公共心、责任心、平等、自由、博爱，皆今之所谓新道德也。与旧云五品中之亲义序别信，异其形式矣。然而道德的本质，即所谓天性是也。此乃恒常不变，无新旧异也。亲义序别信，皆出于本心之不容已，皆天性也。独立、自尊，乃至自由、博爱，又何一而非出于本心之不容已？何一而非天性流行乎？人类的天性，本是无待无倚的。（不待他有，曰无待。不取资于外，而生理自足也，曰无倚。）故独立不羁者，天性然也。自尊而不肯妄自菲薄者，天性然也。本心之明（即天性固具），常惧为一己平生染污结习，与社会不良习俗等等之所缠固蔽缚，而求反诸良知之鉴照，以适于事理之当然，是谓自觉。此非本心之不容已而何？非天性而何？天性上本无物我之分。故公共心即天性之流行而不容已也。天性至诚无息。其视天下事无小无大，莫非己分内事直下承担，无有厌舍，无或敷衍。故责任心，即是本心不容已处，亦即天性也。天性上无物我之分，故无恃己侵物（此待物平等），亦无蔑己毁性。（不自轻蔑，故不至为恶以毁伤

天性，即自性平等。）故平等者，发于本心之不容已也，天性也。天性本来自在，本来洒脱，于一切时，于一切处，无有屈挠，是谓自由。自由正是天性，不待防检。盖自由与放纵异。才放纵时，便违天性，便已不是自由也。西谚曰，人得自由，而必以他人之自由为界。此非真知自由义者。真正自由，唯是天性流行，自然恰到好处，何至侵犯他人？天性上本无物我分之，自然泛爱万物。故博爱者，本心之不容已也，天性也。凡诸私身家而不顾社会公益，私其一国家一民族，而欲以他国他族为鱼肉者，此皆人类后天的恶习，积累日深，遂至障蔽其天性中博爱之善端，而以恶习为心也。中土圣哲之学，唯于自家天性，体究真切。此学此理，在今日无可与人说。今人精神，完全向外追逐。其为学，又纯恃客观方法，不知有反求内证之功。故于此学，竟成隔膜。其闻天性二字，且不知作何感想也。总之，道德有其内在的源泉，即本心不容已处是也，即天性是也。若不于此处用力，只在伦类间的关系上讲求种种规范，谓之道德，仍是外面强作安排，非真道德也。人类终古不得复其天性中自然之善，而互相攻夺，无可幸免，终必自毁而已矣。

今人多主废弃旧道德。此其本心沦丧故也。父子之亲，其忍废乎？君臣一伦虽废，而有忠国家忠民族之义焉，其忍废乎？长幼之序，不可废也。夫贞而毋邪配，妇贞而无私遇，人道之异于禽兽在是，即生理上亦不容渎乱也。夫妇之别，可去乎？朋友之信，人道斯在。诈伪相与，则不成人类。且朋友一伦，所摄至广。如领袖以诚信导群众，群众以诚信戴领袖，亦朋友有信之谓也。

上来因论五教，说得嫌多。然此确是根本问题。历史学在数往知来，于此正不容忽。

古代我同族人之流徙于各边塞者，其俗日习剽悍，文化亦未能发达。唯东北人尚多保存其在内部时之美德，少为边患。而朔北人则风气特别刚劲，其势力且遍于西北各边，时或侵暴内部。当时谓之北狄，亦称荤粥。黄帝尝逐之，使安其所而已。自后至于高辛，称日月所照，风雨所至，莫不从服。尧时协和万邦，舜时四门穆穆，可见其时朔北亦内向中朝。

帝舜时，内部有三苗独立，初未统一。《史记》云："三苗在江淮、荆州。"刘宋裴骃《集解》引马融曰："三苗，国名也。"唐张守节《正义》引《左传》云："自古诸侯不用王命，虞有三苗，夏有观扈。"孔安国云："缙云氏之后为诸侯，号饕餮也。"吴起云："三苗之国，左洞庭而右彭蠡。"（按：洞庭，湖名，在岳州巴陵西南十里。彭蠡，湖名，在江州浔阳县东南五十二里。）又《史记》云："缙云氏有不才子，贪于饮食，冒于货贿，天下谓之饕餮，……舜宾于四门，乃流四凶族，迁于四裔。"裴骃《集解》引贾逵曰："缙云氏，姜姓也。炎帝之苗裔。当黄帝时，任缙云之官也。"详上所引诸说，足见古代苗民，确是汉族，本炎帝之后。其所居即今两湖、江西之间。《左传》谓为舜时诸侯之不用命也。《史记》据古籍，谓其贪冒，为天下所恶。舜迁之四裔，盖只迁其君与君之家族，非空其国人而迁之也。据《尚书·大禹谟》，帝舜以有苗弗率（不顺王命也），命禹徂征。禹纳益之谏，不果用兵。帝舜乃诞修文德。七旬，有苗格。想是有苗国君被流放之后，苗民不无怀旧之思，犹未服王命。舜复命禹伐之。益谏禹，有满招损、谦受益之言。盖谓既流其君，又伐其国人，是中朝将以满盛招损，不如修德以来之。禹与帝舜，竟能兵修文德，而苗民遂来格焉。（格，至也，谓来听命朝廷也。）内部由此无不顺于教化者。可见统一之功，不当恃武力。又禹誓师之辞曰“蠢兹有苗，昏迷不恭，侮慢自贤”云。可见其并非凶暴之群，只是不顺朝命，有独立之意而已。与《左传》所云亦合。舜禹之征讨，亦只欲完成内部统一，别无私意。苗民卒服化焉，毕竟是内部有高深文化的群众，故团结自易。由是以观，则苗民原未尝受逼。不知后人何以有灭苗族之说也。又张守节《正义》引《神异经》曰“‘西南有人焉，身多毛，上头戴豕，性狠恶，……善夺人谷物。’三苗性似”云云。此则谓三苗似后世西南山谷之野人。纯是臆说，所当辨正。又苗民之先神农，本生于姜水，当在今陕西宝鸡境。旧说西羌（今藏族）为三苗之后，大概当初苗民有一支徙今西藏等地，有一支散布内部，即今两湖、江西等地。或其君族被朝廷逼窜三危，即今甘肃地。其后发展，而益西徙今藏地，为西羌云。晚世对于三苗之解说，甚为离奇。余征集古说散见者，与《尚书》相证。苗民事实，庶几章著云。

自伏羲至唐虞，科学思想便甚发达。（虽

不能说他已成功了科学，但科学思想之发达，则无可否认。）唐虞设共工之官，以理百工之事。日用器物的创作，技术的精巧，大概犹可想见。禹造交通之具，陆行乘车，水行乘船，泥行乘橇，山行乘輂。虽不尽由禹发明，大概至禹改造益精。至于政治和社会方面，种种制度的创造，由伏羲而至尧、舜，便已大备。若详考而深论之，亦有温故知新之益。是时学术最盛者，莫如天文、算术、音律、医药。（《黄帝内经》虽或后人所托，然当时必有医术，故后人托之耳。如《庄子》托于颜渊的一段话，与颜子亦有相近处。）其发展至如何程度，今虽不可得详，然创明特早，极可惊焉。天文仪器推测之精确，历家定节候之准的，音律之微杳绝伦，后人多莫能及。《列子》书中有云，“天地，空中一细物耳”。此虽中古伪书，其言必本古代遗籍。古代天文学者，必已知道宇宙间有无数的太阳系统，故有此言耳。天文、音律二学，皆非数学精深莫办，可惜后儒罕能传之。又黄帝以来，析土宜，辨物性，亦最精审。农业早盛者以此。当时学校教育，已极发达。古史称五帝之学，名曰成均。又称有虞氏养国老于上庠，养庶老于下庠。今西人国学必有高年教授在其间，犹符此旨。其学术发达，有以也。今人以欧洲文化发达之晚，因狃于进化之说，必欲将吾国前代文明，尽行抹煞，而说为野蛮，不知是何用意。

关于古圣王德行处，作史者宜详考载籍而叙述无遗。尝谓西人之论治也，自下而上。西谚所谓善治如草木，民智如土田是也。（**土田好，则草木茂。民智高，则善治可期。故社会不良，而政治难期善美。必下层好，才可望上层好。**）中人之论治也，多主自上而下，所谓“君子之德风，小人之德草”与“人存政举”等说是也。实则二说不可偏废。由西人之说，必注重民众教育与群众运动，使一般人民的智、德、力等方面，皆有长足的进步。如是则社会优良，决不会产出坏的领袖，即有坏人，亦不能占足于政界，此乃一定之理也。西说好处在此。但人民的智、德、力未增进时，还是要待好的领袖以身作则来切实领导群众。否则社会如何好得了？西洋文明发展到今日，却还靠领袖来引导群众，而其群众亦甚服从领袖。中学的说法，在今日更可见其理由充足，不可颠仆。吾尝言，人类就全体说，总是进化的，但就各个分子说，在长途进化之中，每经一个阶段，而各分子间的智、德、力等方面，欲其各各平等俱进，无有差别，此终是不可能。因为各人有气质上的缺憾，本于造化之无心而构成。这是无法避免的事。因此，人类智愚贤否，毕竟永远是不齐，而领袖人物的需要似是永远不能去掉的。既陈此义，仍归到本题，即我古代圣王所以创建此伟大的国家，决不是偶然的事，必其德行有以大过人者。我侪生数千载下，只有从古籍中搜罗材料，借以想象古先圣王德行之实。《史记》称黄帝，“勤劳心力耳目”。又曰，“未尝宁居”。可见其为群众牺牲之精神。又称颛顼曰：“静渊以有谋。”静渊者，德之本也。又称帝喾曰：“普施利物，不于其身。聪以知远，明以察微。顺天之义，知民之急。仁而威，惠而信，修身而天下服”，“溉执中而遍天下”。言帝喾治民，若水之灌溉，平等而执中正，遍于天下也。（按，帝喾为尧父。）《论语》记尧授舜之辞曰，“四海困穷”，“允执其中”，“舜亦以命禹”云云。夫欲使四海困穷之民，各得其所，则在乎以平等而执中正为治。帝喾首行之。尧承其家法，而以授舜。舜亦授禹。《史记》据古籍记帝喾之行事，与《论语》尧、舜、禹相授受之辞，不谋而合。此岂得谓之偶合耶？今人不信古书，不知脉络分明，乌容抹煞。以疑古炫俗，何其忍心害理耶？平等执中之道，后来儒家承用，益弘其旨。《大学》言平天下，而本之絜矩。（絜矩，所以求平也。只计及我一方面的利害，而不顾他方面，即非絜矩之道，即无以求平。）《周礼》立政，唯本均平。将来世界人类而有自觉之一日也，舍平等执中之道，而何以焉？《史记》称帝尧曰："其仁如天，其知如神；就之如日，望之如云。"而孔子称述之辞，见于《论语》者，亦必有所据。孟子称舜："明于庶物，察于人伦，由仁义行，非行仁义也。"（仁义，性之德也。舜能全其天性，故所行皆从仁义之性而流出，曰由仁义行。失性而作伪者，以仁义为美名，乃勉强而行之。舜则不然，故曰非行仁义也。）孔子述禹之德曰："禹，吾无间然矣。卑宫室，而尽力乎沟洫。菲饮食，而致孝乎鬼神。禹，吾无间然矣。"孟子称其好善言。夫自苦以勤民事者，如天之仁也。自薄而致孝，不以嗜欲害其本心也。好善言，至公无私故也。《论语》记汤之辞曰："万方有罪，罪在朕躬。"基督似之矣。孟子曰，汤"执中”。此则帝喾以来相传之道也。又曰，“立贤无方”（方，类也。贤则立之于位，不问其类），公之至也。孔子称文王为“至德”。孟子云：“文王视民如伤，望道而未之见。”可谓善形容圣人心事。又称武王曰：“不泄迩，不忘远。”泄，狎也。至公之心，遍注天下。故迩不狎，远不忘也。为一己之私者，必狎左右亲迩，而忘四海之远图。又称周公曰：“思兼三王，以施四事；其有不合者，仰而思之，夜以继日；幸而得之，坐以待旦。”周公之忧勤天下与来世也，至矣哉。凡此，必皆据古史记载，非揣测可得。须知吾国数千年高深的文化，若非累圣明德相承，艰辛领导，何能有此伟大成功。天地间，没有以虚妄而做出实效来的。（此处吃紧。）我辈于古先圣王真实德行，切须留心体究，不可忽略过去。作史者，要当于此有所发挥。

尧舜盛德，观于孔子《论语》中所称述，即可想见。闻今人编学校教科书，却把尧舜禅让之事，看作与操懿同流。不信古今有德人，不信古今有美事。以此败坏青年心术，最堪痛恨。试思古籍，称尧舜之圣德，亦称蚩尤与四凶等等之恶德。即其于恶无掩讳，可征其于善无粉饰也。如谓古史家记录恶行，或有偏党，然尧、舜、禹，皆其所尊为圣德也。舜之父瞽，禹之父鲧，史皆不掩其恶，不为圣王之父而有所讳也。以此征其无偏党。世之说者又曰，当时去部落时代未远，君位未定也。尧授位于舜，亦是寻常事。然后世游牧诸胡，犹以争位相攻杀，流血不息。况唐虞时，一统之局久定，历史事实，不可抹煞乎。在圣人行盛德事，本自寻常。而吾侪把古今盛德事看作寻常，鲜存敬慕，则此心有不可问者。此不可不辨也。自操懿以后，奸人得志。社会染于污习。以为当国者，只有利害，无有道义；只有骗诈污贱，无复博大高明。因于古圣王行事，不信为实。以此成心习，欲国无亡、种无危，何可得也?

或曰：儒家言古圣帝明王之德，可谓盛矣。然诸子之论每不同。其所传帝王行事，亦有异乎儒家所称。此何故耶？答曰：儒家自孔子盛道尧、舜、禹、汤、文、武、周公之事，见于《论语》。其学术思想之渊源，在是也。诸子晚出，各求异于孔氏，而自树一家之论，故不得不将孔学之所根据者，一切摧毁之。孟子时，齐稷下先生之徒，非尧舜，薄汤武，皆反对儒家者也。孟子言必称尧舜，而韩非独诬辞薄之。韩非所说，纯是造谣。其书《忠孝篇》曰：“瞽瞍为舜父，而舜放之；象为舜弟，而杀之。放父杀弟，不可谓仁；妻帝二女而取天下，不可谓义；仁义无有，不可谓明。《诗》云：‘普天之下，莫非王土；率土之滨，莫非王臣。’信若《诗》之言也，是舜出则臣其君，入则臣其父，妾其母，妻其主女也。”细玩此段话，其为造谣，显然易见。如所云，信若《诗》之言也，是舜出则臣其君，入则臣其父，妾其母云云。前文云，舜放父、杀弟。今忽引《诗》，又曲添出妾其母一事。岂不怪哉？夫受尧之禅，非是臣其君也。子为天子，何至便臣其父？后世汉高即帝位，而其父太公犹存。谓汉高臣其父可乎？且唐高祖禅位于其子太宗。后来此等事颇多。清高宗之于仁宗，犹行之。若如韩非之说，则凡子受父禅者，皆是臣其君父。有是理乎？妻其主女，便成罪名。则凡自古帝王之女，皆当寡居。因人臣不可妻主女故。韩非邪妄诬构之辞，稍有识者，不难明辨。臣君父，妻主女，妾其母，种种造谣，既皆易见，则放父杀弟，为其故造之谣，不辨可明。古史载瞽瞍惑后妻，不慈于舜。象又日以杀舜为事。而舜卒以孝友感其父与弟焉。当时尧与四岳、伯益等皆称舜之孝友。见于《尚书》，岂可抹煞？韩非乃反构舜放父杀弟之谣，不知是何居心。按韩非主张法治，故极力反对儒家言人治。其辞曰："故人臣毋称尧舜之贤，毋誉汤武之伐，毋言烈士之高。尽力守法，专心于事主者为忠臣"云云。此等言论，《韩非子》书中，满纸皆是。其所以诬罔古圣贤，即此故也。战国时，诸子百家初起，皆各有追索真理之热诚，各有伟大的创见。但其门徒后学，渐至失掉本师的大处，而偏以攻伐异己为高。故不惜坏心术，而造诬妄无聊之说。如《竹书》所载，太甲杀伊尹，文丁杀季历。皆此类也。法家初祖，今不可考。其家派亦多。如韩非者，盖亦法家支流。其书亦当有末学小生妄加入的文字。学者不当轻信。

孔子本云"信而好古"，"述而不作"，但其考古之态度极谨严。据《论语》所载，言夏殷之礼，而以杞宋不足征为憾。又称美古者史阙文，而叹今之亡其风。则知妄造古事，孔子时已有之，而深致叹乎此，因追慕古史之谨严而能缺文，不妄添说也。孔子又曰："多闻阙疑，多见阙殆。”又曰：“知之为知之，不知为不知，是知也。”凡此，皆足见孔子为学的态度与方法，其与晚世科学家遥相契。其考古最谨严。故孔子所称述之古圣贤，吾侪必不容不信。孟子生平愿学孔子。其论及古哲，皆依据孔门传授，不为当时猥鄙诬词所乱。汉儒云：“百川异流归于海，群言淆乱衷诸圣。”可谓能守家法。今世后生言古事者，好背六经而逞邪怪臆说。凡战国诸子书中，所有掺杂诬妄之词与后世浮浅而妄疑古籍之说（古籍诚不无可疑，然如欧阳修等，则浮浅而妄疑者多矣），最为流行。此乃学风大弊，君子所深忧也。

以上都是关于甲期的几点零细意见。

第二期　夏禹至西周

甲期中，庖牺至于二帝，唐虞政治社会与学术各方面的创造，似都有突跃之象。至乙期中，统一之局已粗定。政治上各种制度，自有许多改造。（如官制及田赋等等。但禹时九州，只是划为垦田定赋之区。非当时领域只限于九州也。夏朝声威最远，何止九州。）然学术思想与技能等方面，夏朝似有一种停滞之象。《表记》曰：

“夏道尊命事鬼，敬神而远之，近人而忠焉。先禄而后威，先赏而后罚，亲而不尊。其民之敝，蠢而愚，乔而野，朴而不文。殷人尊神，率民以事神，先鬼而后礼，先罚而后赏，尊而不亲。其民之敝，荡而不静，胜而无耻。周人尊礼尚施，事鬼敬神而远之，近人而忠焉。其赏罚用爵列，亲而不尊。其民之敝，利而巧，文而不惭，贼而蔽。”这一段话，叙三代政俗，大概可信。夏朝人蠢而愚，乔而野，朴而不文。学术上想无甚进步。殷时人，荡而不静，胜而无耻。然荡而争胜，则已渐开西周之风，知识必又发达。周人利而巧，文而不惭，贼而蔽。足征此时人的知识已大开，文明盛启。利而巧，必于物质上多所开发也。周公能作指南针，此不是偶然的现象，必其时科学思想发达，工艺精巧，始得有此发明。文而不惭，文明盛则诈伪多也。利弊相因也。贼而蔽，贼，深刻也。知识精深，则务偏至。偏至，则明于此者，暗于彼。故曰贼而蔽。今西洋学术，犹患此也。《表记》这段话，似是杂录晚周道家语。道家反文明故也。然其观察深刻，至可玩也。孔子曰：“郁郁乎文哉。吾从周。”故知《表记》所云，非孔门之传也。然推观三代世变莫如此段之精矣。故表而出之。

世儒以唐虞揖让，汤武征诛，为风会大转变处。不知君位传贤，但是二帝高行，于世运上不算一个变局。汤武征诛，亦是朝代迁移中必有之现象，不是世运中另成一种趋向。

第三期　平王迁洛至六国之亡

春秋战国，不能判为封建社会时代。闻有人据甲骨文的材料，臆测古代社会情形。余以为地下发现的材料，当与古籍相参考，但万不可胸怀成见，先把吾国某时代的社会，硬判它属于未进化的某种状态中，然后随时所尚，而取片段的材料，以证成其曲说，自矜新颖。中国只是中国。各时代的社会情形，还他各时代的样子。须综观全部，不能以一曲论也。如生物学者，发现一个原生物，遂不博观生物界发展的全部，而但据一个原生物，谓今日犹是原生物的时代也。岂非可笑之至乎？今人摘片段材料，以断古事，大抵类此。须知就机械发明与生产改变的观点，以判社会的阶段，则谓中国至今未离封建社会可也。从文化方面，如哲学思想、艺术、道德及政治社会等等的观点而说，则谓春秋战国时犹是封建社会，其何以餍人之心乎？当时社会有丰富的动力。生产虽以农业为本，而春秋时农人，已有直接参政权。列国有御敌及立君等大事，人民全集于外朝而共议焉。（《左传》中，此等事实甚多，蒙君文通尝征集之。）可知是时农民已非复为君公大夫之奴隶矣。工商业亦渐发达。《论语》曰，“百工居肆以成其事”，是工人已群集都市，非复为家庭附业也。《管子》书中所记，亦可考见。郑商人弦高，远商国外，闻秦师将袭郑，设计却之。足征当时商人知识甚高。至其时人道德思想，皆趋向于独立（儒家遁世不见是而无闷与中立而不倚的精神，道家浩然独与天地精神往来的境界，皆代表其时代个人尊尚独立的道德。）、平等（孔子“有教无类”，孟氏谓“人皆可以为尧舜”，明人性无差别；道家与万物同体的意思，皆代表其时代尊尚平等的道德）、自由（子贡云“我不欲人之加诸我也，吾亦欲无加诸人”，此自由义也。人以非礼加诸我，是毁我之自由也。我不可受也，尊我之自由也。我所不愿受者而施之于人，是毁人之自由也。吾决不以此加诸人焉，尊人之自由也。如此言自由，可谓精矣。《庄子·在宥》，义益恢广。凡此，皆代表其时代尊尚自由的道德）、博爱（孔云“泛爱众”，墨言“兼爱天下”，“兼利天下”，皆代表其时代尊尚博爱的道德）。视今世所谓文明先进者，利令智昏，抢夺是务，其高下果何如耶？艺术有伟大、浑朴、精丽种种之美，自古代已然。古物之偶存者，可考也。哲学思想，则诸子百家，各穷其大，各究其微，蔚然钜观。如斯伟大时代，而谓其犹是封建社会，谓其不脱封建思想，吾所不能解也。中国与西洋两方文化，毕竟各是一种路向，各是一种面目。执西方之所有，以衡中国，而一概卑陋视之，吾未见其可也。

三代的田制（如井田）、税制（如资助等），最为难考。治古史者，望于此细心焉。

明堂、学校、里社等制度，原于上古，而极备于成周。近见蒙君文通，颇有考订。然彼似一方面认为是当时王朝与列国的行事；一方面又说为汉代经师的哲学，其议论未免混淆。实则此等制度，本古代所实行者。据蒙君所征引材料，皆属历史事实，并非汉世经师之一种理想。经师只是绍述古学，谙习先王成法。推其美意，不欲废坠，愿后世勿失三代治制之良，而流为专制愚民之弊。汉世经师博大诚挚处，决非清儒所敢几及者，正在此耳。但蒙君如谓此等治制，为出于经师之哲学思想，则又与其考征古事之态度，自为矛盾，不可无辨。吾本未多看蒙君的著作，但曾看过一二篇短文，觉得他是如此。然而蒙君在这方面努力之绩，治古史者要不可忽。

晚周诸子书，今人皆以为西汉人伪托。因为时俗狃于进化之说，以为古代总不如后世，所以要将诸子思想拉退向后，以迎合现代的风气。此吾所不忍赞同者。战国时诸子百家，以儒、道、名、法、墨为最盛。其著述已多不传。

《墨经》与《韩非子》，其思想与文字，显然不是汉时的产物。墨子兼爱、尚同的思想，正是生在列强竞争时代的反感。其谈名学的部分，文字严栗简劲。汉人绝不能及。汉世所谓法家者，大抵务实行而不尚理论。其于行政持法也，主综核，尚严刻。前者如文景宣三帝之为治，莫不精于综核。（文景虽习于道家言，而亦参法家。）后者如晁错辈，欲矫宽缓而以严刻为政。（错主刻削诸侯，亦法家也。）汉世号为法家者，不过如此。至于《韩非子》书中，许多理论都是与儒家针锋相对。西汉法家并不注意理论的工作，且《韩非子》书文字，简而理（简要而有条理，异乎汉人不能持论），质而温（温润有文也），与汉人文字尤不类。

《管子》书虽非其本人所作，要为战国时法家辑录之书，则无疑。其书中多叙述管子当日行于齐国之政，必有所本。其理论部分，往往闳博奥秘而根于经验。非生当战国，另练宏富，则莫能为也。

更言儒道。《老子》书，以极少文摄无量义，真所谓含藏万有者也。西洋哲学书，大抵以辨物析理、条分件系、繁称博说为务。中国哲学书则称引不越人事，文辞浑约，而意理渊广。欲使读者会心于文言之外，可以涉众事，历万物，而毕达其原也。故以读西书眼光，而读吾先哲书，如不能得先哲意，则必轻之矣。此段话，本不专为《老子》书说，但读《老子》书者，必识此意思，否则无可与之言。《老子》书，广大渊微。其文辞，敛奇气于深淳，隐彩丽于朴质。汉人哪有此境地？汉人文字，不失之粗豪，即失之肤泛。（如贾谊论文，只是粗豪，无甚道理。《淮南子》书，其中深语，大抵杂录晚周人的。许多肤浅浮泛的文句，就是他们自造的。识者自不难辨。）凡大包细入，含摄万象，而着笔不多的文字（凡字至此为句），最为难作。张孟劬先生尝云，中国有三部奇书：曰《周易》、曰《论语》、曰《老子》。此说卓有见地。中世如王辅嗣的《易略例》《老子注》，郭子玄的《庄子注》，亦是难能。以其词约而理广故也。否则意尽于辞，不能令人起种种解。《老子》书，境地甚高，决非汉人所可伪。《庄子》书非伪，自不待言。

《易十翼》，为七十子后学记录孔氏之说，当是春秋战国之间的文字。比于《论语》，较为流畅。比于《韩非子》诸子书，则浑含（语浑而含理广，曰浑含）而不厉。斯所以异于后之法家也。即比之孟子书，亦朴质气味较多。（孟子之辨，稍近纵横，虽由应机故尔，然较之《易十翼》朴实说理，则稍异矣。孟子生孔子卒后百零六年。其著书在游齐梁后，至少在六十岁外。上距孔子，百七十余年。风气当大变。）《礼记》《周官》文字，大部分与《易十翼》较近。意者孔氏没后五六十年间，七十子后学，忆持尼山口说而始笔之简策乎。（百年者，数之大齐。五六十年间，则风会不能无变矣。）《礼记》，汉儒辑录之书，其或旁采晚周杂家材料，不纯为七十子传授之辞，亦间有谬说浅语为辑者所妄附。然大体自属尼山传授，无可疑也。《易十翼》义蕴，以《论语》推征之，殆无不合。故求孔子哲学思想的体系，诚莫如《易》。非旷然神悟，未可与之言斯义也。当别为文论之。《十翼》，决非汉儒所可伪。一则汉初儒者，值六国灭亡秦皇暴乱之后，无暇游心高远，仅能为抱残守缺之业。《十翼》博大精微，决非其所能为也。二则汉儒治《易》，偏于象数，又好以繁琐的名数，配合而成说，纯是悬空构画。大概是沿袭战国时阴阳家的绪论。西汉易家流行的说法，不曾申述《十翼》的义理。这是显明的事实。如何说《十翼》是汉人所作？汉人书中，引用《易传》中文字，此不足奇。如《淮南子》等书，大部分是辑录晚周人语，及缀述故事，间附以己说耳。其书中许多空泛语句，绝无义蕴，文字有杂凑而无力量者，大概由辑录诸人以己意掺加上去的。后人抄录或引用前代语，此是常事。如以此而倒转过来，反谓前代书是后人所作，此非怪妄之极乎？须知古书义蕴，不易寻索。狂妄狐疑，何如细心体玩。往者欧阳修辈，亦曾疑《易》。实则修只会作艳丽词语与八股式之古文耳。更有甚思想，更识何义理耶？孔子信而好古，亦曰“多闻阙疑”。唯虚怀求真，而非浅见者，乃可与言缺疑。此事谈何容易哉。总之，《十翼》确是孔氏传授，不可谓汉人所作。观于汉世言《易》者，风气自别，已足释疑。至于辨析其义，则非此中所及也。

《周礼》一书，今人或以为汉人作，或以为六国时人作。吾向者以为此书本出儒家，但融会法家思想。后来自知有误。此书确出孔子传授无疑。《论语》记孔子曰“吾其为东周乎”。其全副经纶，具见此书。今人也多知道此书的价值。其于国计民生，一切计划，周到而又广远。直是上天下地，无所不包罗，没有纤毫遗漏处。此书的组织，以官为经，以事为纬。大概原本周制，而推演精详，以成一部大典，待之后人。决定是孔子口说流传下来，其后学记录成书。大概在孔子没后五六十年间，不能再向后说去。后来的儒家，如孟子及荀卿的文字，看来都与《周礼》不相似，此意容当别论。吾初疑《周礼》受法家影响者，以为《周礼》似将民间万事，都加以严密的组织，故似法家。实则儒家政治思想，本不是任人民各自散漫，不相为谋的。果尔，则何政治可言？儒家思想，本来细密。即举一部《仪礼》来说，其条文何等详密？尤复当知，《周礼》的政治思想，其根本则在以乡三物，教万民。乡三物者，六德、六行、六艺是也。六德，智、仁、圣、义、忠、和。六行，孝、友、睦、姻、任、恤。六艺，礼、乐、射、御、书、数。郑玄注六德、六行，皆浅陋，而不得其旨。颜习斋之徒，知六艺切于实用，而于德行则未有见也。六艺在今日，相当于科学知识。辨物析理，则利用安身所必资也。然人道之所以立，则存乎德行。六德首智。万恶起于惑。未有愚而不恶者也。兽类凶噬，无智故耳。智者自明自了。心体澄明，无有感染。郑注以明于事言之，陋矣。仁者与万物同体。郑注，爱人以及物，亦是。然非真能以万物为一体者，又何能爱人及物乎？郑氏未识仁之体也。圣者，尽性之称。（天性真实，万善具足，不以私欲害之，使本性之善完全显现，故云尽性。）《中庸》言圣德处，可玩。郑注“通而先识”。不知未能尽性，则心有私蔽，何能通而先识乎？义者，以智断事，皆得其宜。郑注“能断时宜名义”。则未知如何能断也。忠者，心无邪妄曰忠。郑注言以中心，嫌泛。和者，心不放逸，物不得扰。郑注“不刚不柔”，则未知和之体也。孝者，善于父母为孝。弟者，善于兄弟为弟。睦者，亲于族党。郑注“专以九族言”，甚狭。应兼乡党言之。姻者，亲于戚友。姻亲也，不专为外亲言之，交友皆在所亲。郑注“义”亦狭。任者，社会公益所在，毅然身任其事，今所谓公共心与责任心是也。郑注“以信于友道言之”，失其旨矣。恤者，同情心。社会上有种种不平的制度与自然灾患等事，则对受苦者同情而谋所以振拔之。六德，难期于中人以下。故次六行，则尽人可勉之以实行也。详此，则《周礼》的根本意思与《论语》所云“道之以德，齐之以礼”，原是一贯。其于法家，全无融通处也。

晚周诸子百家，学术派别与学者姓名，及其著述存废，史家宜博考详征。

孔子哲学，自来在吾国学术思想界，号为正统派。研究孔子的思想，当以《易》《春秋》为主要的典籍。而群经与四子书，均当参互以求之。

或谓治《春秋》必通《礼经》。余谓《春秋》家言，不可胜穷，但当以何邵公所述之三世义为主。若依经文所载当时行事，而上究圣心所以别嫌疑、辨是非者，必据《礼经》故义，以为准绳。此亦就据乱升平二世言之耳。至于太平世义，原极性道，而知斯人继善以成其能。（继善，见《易传》。吾人不使心为形役，而有以全其天性固有之善，是谓继善。否则滞于形而失其性，即不能继续其本，有之善也。成能，见《易传》。继善之功，即人之所以自成其能也。此义须反身体会方得。）毕竟率其恒性，无有恶根也。（恒，常也。人性常于善，而人有不善者，是有生以后，滞于形而囿于染习，非其本性有不善也。书云恒性，旨深哉。）推征群变，而知奇偶相荡。（有奇数，则有偶数。而偶复为奇，动荡不已，是成万变。）世间无绝对之美，然《剥》《复》相因，终必有《复》之几焉。《易》终《未济》，而未尝无《既济》，义深远哉。又乃观物之生，以比为用。（《易》之《比卦》，明万物莫不以相比助而得生。互助论者，有见于此。）民群生产，均平为不易之原则。（《周礼》与《大学》，皆明此义。）以斯而谈，太平何遽不可期耶？然此义渊广，必会通群经四子。穷其根柢，得其条贯。夫而后可与言《春秋》太平义。岂徒执守礼文云乎哉。康有为言三世，空泛肤乱，无义蕴。其传自井研廖氏。蓝之质未美欤，犹未足以出青也。

《易》道深度，此姑不谈。要之，求孔氏学者，必主《易》《春秋》，则非余之奮言也。

传孔子学者，夙推孟氏。孟子首明民贵之义。论选贤，必国人皆曰贤。论刑，必国人皆曰可杀。论经济，必民皆有恒产。其他胜义无穷，要皆发挥《春秋》由升平进太平义也。其原本性善，则从形而上学中，人性的认识，以树立其太平理论的基础。博大精深哉，孟氏学也。今人或摘取为政不得罪于巨室一语，以孟子为主张贵族政治。此可叹也。言固有一时感事而发者。今各国政界有势力而系人望者，犹得以巨室言之。况自孔子时，大夫专国，“五世希不失矣；陪臣执国命，三世希不失矣”。以此证孔子时，贵族政治已渐崩溃。后来所谓贵族者，不过虚有阶位，如今虚君之国，犹存世爵之臣也。贵族而专政，则被倒也甚速。春秋世已然，况战国乎？春秋以来，政权日下逮于民。故孟子曰：“得乎邱民而为天子，有以也。”《左传》中关于人民参决国政的事实很多。今人谓其时为贵族社会、奴隶社会，岂不怪哉？吾前云，周代田制、税制及学校、明堂等，须细心考正者，以此。因谈孟子，而牵连及之。

工艺方面的发明家，则有周公、墨子、公输子等。孟子称公输子之巧，必多创作。惜皆失传。而周公之罗盘针，其功尤伟云。

算学发达最早，而《周髀算经》仅存。当时数学书，散佚者必多。恐古代数学发展之程度甚高，惜今无从考见耳。

周世塞外诸部众（凡夷狄、外患等字，今皆不必用。以本同种类，又诸部在上世，本已臣属中朝故），犹未甚开化，俗号犷悍。春秋以后，时向内侵扰。齐国有管仲者，时相桓公，修明内政。为列国盟主，能纠合诸侯。故各国赖以安定，而侵扰者不得逞志云。

战国时，孟子始有王伯之辨。后来宋儒之学，一宗孟子。故于王伯之辨，尤断断焉。详孟子所谓王者，谓尧、舜、禹、汤、文、武也。《孟子》书中屡称之，谓其皆能“以不忍人之心，行不忍人之政”，绝无一毫矫揉造作，绝无一毫虚伪。国内之治如此，国外之交亦如此。故乃率天下以仁（率倡之也，以身作则，使人皆化之也），而使天下人皆有以复其本心，任天而动，放道而行（放，顺也。天者万物之本真。理之至实，无虚妄也。在人则谓之本心。道亦天也，特变文复言之耳）。无有诈虞，无有侵暴，无有欺诳，无有钳束。而天下熙熙焉，皞皞焉，各得分愿，率土旷然称治矣。王道之旨，盖如此。其所谓伯者，谓齐桓、晋文、秦穆、宋襄、楚庄等也。伯者，袭先王仁义之迹。（迹者，已然之谓。是先王已行之事。）而假之以自文，虽做得似仁似义，而实不从其本心流露，徒作伪以欺与国，取巧便。其处心积虑，则完全在功利上计算。所标榜者，皆极美之名。而所为者，乃利令智昏，不顾公谊，卒至一无所利，适得其害也。在其国际如此。至其国内之治，凡所以约其民者（约者，约束），纯本其一己之主张，制为法令而以权力强制人民，使之不得不从。彼直视人民如机械。其趋事赴功，亦足鼓舞一时，而使民有欢虞之象。欢虞者，势不可久，而愁惨随之矣。伯道之敝，盖如此。夫王者之为治也，一本于其不忍人之心。此不忍人之心，即所谓本心也。本心者，人皆有之。孟子是以谓人心之所同然者也。好仁而恶不仁，好义而恶不义，人心之所同然也。不仁者，而恶居不仁之名。不义者，而恶居不义之名。以此见不仁不义之人，其本心之同然者未尝不在。而至为不仁不义者，特执其小己之私，缚于染污之习故耳。王者，使人各得其本心之所同然，而无以小己之私害之，无以染污之习障之。人人共得于天性自然之中（自然，谓纯任天真，无有伪妄也），脱然无挂（无有挂碍也），旷然无害（无相侵害也）。美哉，盛哉，人道之至尊至乐也，王道所以为大也。孟子王伯之辨，义至宏远，盖本孔氏《春秋》太平之旨，而敷衍之。真乃义彻人天，德齐覆载矣。或曰，孟子贬斥伯功，亦已过矣。其曰仲尼之门，五尺之童，无道桓文之事者，然《论语》不常言齐桓晋文耶？不常大管仲之功耶？何孟子言之过乎？答曰：春秋时，五伯行事，犹有先王礼治之遗（当别为论），未至如战国时伯术之无所不用其极也。孔子已云晋文谲而不正。然战国时，复有如晋文者乎？晋文尚能用其民，能合诸侯，而六国已不能也。至如秦之残暴，则真如今法西斯主义国家矣。（今列强皆伯道也，而法西斯尤甚。）孟子所以过斥桓文，恶其开祸乱之源耳。孔子居春秋时，以管仲有匡天下、御侵略之功，故盛赞管子之仁。言各有当也。或曰：若王伯之说诚然也，则古代美于后世乎？答曰：如宋儒邵尧夫所云，则世愈降而愈下矣。余谓此问题太大。若详究之，将累帙不能休。无已，而简单言之，古代天才家之智力，其大处深处，或非后人所能及。但其条理详明处，又决不能如后人也。至古代社会上一般智力的水平线，其下于后代甚远，亦复何疑？古代圣人的道德，自当高过后人，以其浑朴未离故。若古代社会，虽较后代社会为浑朴，然对于道德行为之判别，则限于经验尚简，而未能精到。每有许多不合理的信条，亦安之若素，而不知其非。后代社会，虽智伪百出，而离其浑朴。然对于道德行为之判别，则又远非古代所及矣。夫王道出于古代圣帝明王，而伯道则后王所尚。孟子一本先王。荀卿法后王。故公孙丑、万章之徒，不肯仕于当世；而荀卿之徒李斯，遂相秦焉。儒家在战国，已有孟、荀二派，不能相一也。宋世，朱子与陈同父诸人，亦以王伯兴诤也。今世列强之治，又皆伯道，与秦为类，尚不敢望春秋五伯。五伯犹假仁义以行之。今则公然抢夺，公然为凶獷矣。余以为今后治道，必本吾固有王道的精神，而参以近世伯治之法度，方可拯兹人类。若纯任伯道，则人类终于自毁而已。邵尧夫诗曰："帝皇王伯大铺张。"（帝谓五帝，皇谓三皇，皆王道也。尧夫虽尚别有说，今此不从。吾意只云王伯并用。）百世之下，倘见行焉，犹旦暮遇之也。

二、中古史略说

中古史，起秦皇并六国称皇帝时，终唐末五代。

中古史，可分为三期，自秦皇迄东汉之终为第一期。自三国迄六朝之终为第二期。自隋文灭陈，统一南北，迄唐末五代之终为第三期。

第一期　秦皇迄东汉之终

秦皇并六国，天下始定于一。此是中国历史上极大的变局。前此，如夏至西周，虽确立中央制度，然实际仍是万国并峙。王朝不过监督于其上而已。及东周以降，王室亦夷为列国。尔后诸侯互相吞并，日益剧烈。逮战国时，仅余七雄。至秦始皇，遂灭六国，改郡县。自此，乃确立大一统之规模。此后，虽时有分裂，要是变乱时偶然的现象，终必复归于大一统之旧云。

中国至秦而一统，此实必然的趋势。一，则中国民性之表现也。中国人的思想，向来是趋向大同，不喜分化的。所以在远古部落时代，就有共主出现，如庖牺、神农诸帝，就是那时无数部落的共主。（当时侯国，原来都是部落。）又如塞外的各部，虽有时向内侵暴，然遇中朝有贤圣主政，他们还是各自荒塞外来朝，无有离贰。即此可见我先民厌分化、爱统一的天性。二，由事势演进的结果也。自夏朝大禹确立君位世及之制，王朝地位，日趋巩固。及周公厉行中央集权，共主之威愈振。（当时大封同姓功臣，能废除前代以来许多侯国。足见新王威权之大。又孟子谈王制曰："诸侯恶其害己也，而皆去其籍。"可想见王朝于诸侯有严密的统治的法规。此必周公所定也。）平王东迁以后，周室衰微。适值楚人崛兴，灭国无数。代周之势，虽未竟功，统一之业，已开端绪。（楚地不唯全有今长江、珠江两流域，即中部豫鲁等省，亦多入楚国版图。老庄自昔称为楚人，实非长江流域诸省人。其先，大抵是鲁豫间小国，为楚人所并耳。）秦人后起。所与竞者，仅余六国。而孟子当其时，已有天下定于一之预言。盖天下大势所趋，哲人知之审矣。三，则儒家思想之所促成也。儒家本持世界主义，不限于自理其国而已。孔子有太平大同之义。《大学》言治，以平天下为鹄。齐鲁之间，儒学浸溃已深。楚国则陈良北游，悦周公、仲尼之道。燕与三晋，势弱于齐楚，而皆依齐楚为重，其不能不熏染于儒术可知也。六国之民，既习儒言，而有诸夏统一之蕲向，非若遇异族侵逼，义不共戴也。又值六国君相昏庸，无以固结民志。故秦兵东向，而六国势如土崩。儒家思想之有利于秦，其一因也。及秦既夷六国，而所行者，悉反于儒生所期望。儒者又相率非毁之。秦皇惧儒生又将不利于已也，于是坑诸儒，而不知适所以速亡秦之祸也。卒之，秦皇仅为皇汉驱除难，非真能定大一统之业者也。而儒生之期望，竟获于汉焉。综上三因，天下之势，至战国末叶，不得不归于大一统。此其所由来者渐也。

中国自大一统以后，利之所在，而弊亦伏焉。畴昔本部之内，列国并立。文物制作，互竞雄奇。殆如欧洲列强今日之状焉。春秋战国，政权由贵族而逮平民。农人夙隶君公大夫之家，渐得解放，而为国家之公民。哲学思想，如十日并出，万卉齐发。或为极端个人主义（如春秋时文人，战国时杨朱等），或为极端社会主义（如墨子、许行等），或为极端国家主义（如管子、商君等），或为极端世界主义（如墨子及庄子是也。老子虽非国家主义者，但其主张又有特别处，容当别论），或亦坚持无政府主义（许行与庄子皆然），或专主法治（如韩非等），或始终不废人治（如墨与老，皆有尚贤意思），或力主专断独裁（如商君等），或偏尚自由放任（如庄子等）。种种矛盾，种种冲突，广漠扬沙，大洋飞浪，千态万状，雄哉奇哉。其唯宣圣，“天地为炉，造化为工；阴阳为炭，万物为铜”。穷极至道（万变不齐，揆之以道），通以三世。（《春秋》三世义，至为宏远。）大哉无不包乎。诸子各为偏至之论，俱为孔氏支流，而仍不能不汇归于孔氏。原夫道之一，而通其世之变。则诸子种种不同的主张，莫不各有所当，而各因其时。（《易》之《随卦》曰，随时之义大矣哉。）执其一，则碍于至理。通其变，俱适于大道。如四时之运行，如万物之并育。孟子尊孔氏所以喻如乐之大成也。又战国时哲学家中，有主知者（如名家等），有反知者（如道家），而孔氏，则于本体论方面，主亡知而默识。于日常经验界的事物，则不废知识，而以慎思明辨为功。此儒学所以为大也。后来名道诸家，各取孔学之一端，失其本矣。综前所述，学术思想界发展之状况，奇伟如是。岂不以诸夏为列国竞争之局，而始有此盛事哉？庄子云，“知出乎争”。盖亦见及此矣。及一统以后，全国悉为郡县，人各安其乡里。汉人所谓士食旧德，农照先畴。而无异见异闻，以荡其知。社会较为安定，而学术思想亦凝滞而少变化焉。所谓弊亦伏焉者此也。晚周诸子百家之学，至汉而亡失殆尽。名家、墨家，皆未有闻也。法家，则置其理论而不究。道家，亦全失老庄宏旨。如窦太后者，或略得于保啬精神乏术，而因托于黄老欤。其他盖公黄生之伦，以清净少事言治。当扰攘之后，亦一道也。然其自得浅深何如，今不可考见。儒家，若董生，虽多守古义，而杂以怪迂。贾谊，全无思想可言，但文字有粗豪气，为时所推。后世名流不学之风，自谊开焉。其影响之恶，不可言也。淮南王安，招致游客。杂录晚周百家言，而妄有附益。本杂家也，而倾向道家为多。但其言，法出于民众公意。又谓法籍，礼义，所以禁人君使无擅断。（余民二有笔记一则，载梁氏《庸言》杂志，说此事。）此区区数十字，则晚周法家要义，赖以保存。功亦钜矣。王充《论衡》，肤杂无统纪。其他，皆可不论。汉世学术思想，锢陋亦甚矣。唯经师笃守明堂议政、君位传贤诸义，敢以死犯时主而不讳。（蒙君文通尝考之。）史迁于帝制，亦不满焉。（其列项王本纪，陈王世家，传货殖以戒垄断，传游侠以厉民气，皆有深意。）则以汉兴去古未远，晚周师儒轨范犹存。后此，遂不可见矣。汉之学者，除考正六艺外，诸子百氏之故言，亦间有采摭。而天文算数之学，亦多能通习，不失古之遗绪。吏治以循良著称，必其于政治上实际问题研习有素也。凡此，皆其可称者。然上视晚周，则思想单简，学术废坠，为憾多矣。自汉而下，失学日甚。著说者，乃至以浮俗杂文充数，而集部盛焉。老聃曰，"绝学无忧"。此实可忧之至也。岂人智不古若欤，亦大一统之环境使然耳。

又大一统以后，不唯学术思想少变化而已。即政治上，亦利弊参半。往昔列国之世，各国壤地较小，人民较寡。公朝之政令，达于民间也易。君卿大夫之与人民交接也，亦极密。人民之互相团结而参决国政也，又甚便。古代民权发达，良有以也。自大一统以后，疆土广远，而交通难；人民众多，而接触难。天子、相臣与亿兆民庶，成疏隔之势。每有政令，不易速达。地方监司守令之贤否，朝廷常不易督察。偶有英君贤相，能慎选疆吏，精于考课，则吏治可观，民获安辑。然此等君相，不可常有。故政治败坏者其常，而修明者其暂也。人民既互相疏离，而不易团聚。故日趋散漫，无缘共参国政。久之，人各自为身家谋，至不以国事为怀。凡此，皆大一统以后发现之弊也。然亦有其利焉。即政府因地大民众，不得不取放任政策。常一切任人民之自营，而无所拘迫。即政治败坏时，贪官污吏有所诛求剥削，仍自有相当限度。苟诛求剥削太过，则人民群起反抗。小则聚众控告官吏，或竟诛杀官吏。大则揭竿起义，四海响应，而昏乱之朝廷，随之崩溃矣。又人民既习于自营，如保甲、书院、义仓等等，多有可观。虽组织力未臻强固，然困而导之，则民治之基在是矣。今自世界大通，交通便利。东西文化，互相接触，若比邻之相与也。唯广大国家，广大民众，最易为治。则过去之弊尽去，而未来发展之利，将不可思议也。是在吾国人好自为之耳。

汉高帝，千古之英杰也，豁达大度，从谏如流。（**此等处，切勿随便看过。**）史称其知人善任。夫领导群伦，开物成务者，唯能用天下之智以为智，而不自任私智焉，所以为大智也；用天下之力以为力，而不恃少数爪牙之力焉，所以为大勇也。然所以能此者，则豁达大度故耳。唯豁达大度，故能从谏如流。如胸中有一毫私吝，则有所蔽焉，有所怙焉，而从谏难矣。不能从谏，则顺乎己者善之，异乎己者嫉之，何以知人？不能知人，何以任人？不能知人任人，而欲毋自害以害天下苍生，何可得也？汉氏长世，四百余年。三代后，国运昌隆，莫与比焉。高皇帝开基之善，有以致之也。近见后生，轻于持论。乃摘其见秦皇出游，有大丈夫当如是之语。又叔孙起朝仪，曰今然后知皇帝之贵。以此鄙其心事，不知人非上帝，安得语语尽善，事事尽美。但从其平生大端趋向而察之，则其贤不肖可论也。宋祖既君临天下，鉴五代之祸，常虑诸将有异志也，而务以高官厚禄靡其志，金帛子女柔其气。惴惴焉，唯猛士之是惧。而高皇帝晚年大风之歌，思猛士，守四方。所存不在一己，而在四方。视彼猜忌材武而思所以柔之者，何如乎？即此一念，而二代兴衰之故，从何识矣。夫大人物之有造于社会国家也，其端甚微，而影响极钜。可不慎欤？

王船山先生谓高帝起匹夫为天子，是古今一大变局。吾谓不然。国体未更也，政权操于君上，如故也。何所谓变局？秦既开一统之基，而不能守位。则代之者，必出于民间。此必然之势也。

秦据关中，而法家之言，独试验于其国，而致富强。商君孝公之烈，有足多者。秦地，自周室东迁而后，先生遗俗，日就湮灭。秦人新造之邦，约之以法，守信不渝，首从上倡。今人标榜法治者，皆躬先毁法之人。宜其所为与秦异效。苟非其人，道不虚行。天下事，谈何容易哉？然秦以法治，行之一隅而治。及始皇行之大一统之天下，而竟以速亡。其故何欤？六国之政，晚虽衰敝，其始，固一遵周先王之遗规，以礼为国者也。楚之围宋也，见宋人析骸而炊，易子而食，遂舍而去之。其伐郑也，见郑伯能自下，而谓必能信用其民。亦使复之，而不取其国也。楚雄南服，而彬彬有礼如是焉。中原诸国，又不待言。

夫六国之政，皆近于礼治，而未习于法也。其文化，又素高于秦陇之民。秦皇一旦欲易之以法治，违其夙习，而又督之以严刻。欲偃然临天下之上，毋自覆焉。其何可得乎？

清末以来，治史者好为翻案文章。每颂美秦皇，吾不知其果何心也。秦皇以枭雄之资，承累世之强，壹意兼并，遂夷六国。诸夏文化，受其摧残，自是不振。大一统之局既开，后来人主，恒秉其规，务以力征兼并天下。人民在大一统而专制之帝政下，绝不利于组织，绝无参政机会。何者？大一统则地域广而人民众。势不得相结合以参预国事。专制，则亦不欲人民与闻国事。人民与国家关系，仅有纳赋与质讼二者而已。以此养成人民自谋身家的心理，而无所谓国家观念，无所谓民族观念，无所谓政治观念，无所谓公共观念。此皆秦皇开其端也。或曰，战国之末，不能不一统者，势也。焉得罪秦皇？曰，是不然。使秦皇无兼并之野心，修其内政，发扬文化，而与六国相休息，则势不能至此。夫六国之衰微，原因当不简单，然举其要者言之，则攻战太剧，疲敝民力太甚，实主因也。而六国之疲于攻战者，则又以秦人兼并之野心，威胁海内，不得宁息故也。使六国稍弛其攻战之祸，而各从事内治与文化之发展，中国当不至成为汉以后之局面。余以为人类不能无所与竞。但竞尚于德慧方面者，则世界所由进化。武力竞争，必不得已而后用之，决不可以太过。大《易》之道，去泰去甚，至可玩也。秦皇之夷六国也，疾如飘风。而其自亡也，亦如狂风不终朝。元室之纵横欧亚也，如飓风。而其结果又何如？此亦可为肆侵略而夷人国者之殷鉴矣。且秦皇以一统之局，而用愚民之术。焚书之事，近人虽多为之曲辩，然民间挟书有禁，直至汉惠而后除之。此犹得曰秦皇未尝以愚民为事耶？夫抚广土众民者，则莫急于开民智，养民力，作民气，使其练达于集团生活之中。由地方以达中央，人民皆得表现其力量，而后可为大一统之雄国矣。今秦皇唯用愚民政策，开此乱端，而汉以来君主尽率由之。周制外朝询万民与学校教民之政，乃至一切良法美意，至秦而荡然以尽。秦皇可谓万世之罪魁矣。

汉之治，先儒谓其杂王伯。高帝入关约法三章，疏节阔目，使人坦然昂首天壤，而不虞刑网之密逼迫之苦。其于王道也，近矣。高帝天资开豁，萧何能识大体，故所为往往有当于理。然仁心诚意，保育群生，一举一措，而不敢以私意干之。尧、舜、禹、汤、文、武，所以见称仲尼者，有以也。高帝、萧何，何堪语此。又凡哲王开一代之规，必博采群情，制为大法。王制，《周官》其书皆有所本，非由后人伪托也。汉兴，大抵因秦旧制，而去其太甚。挟书之律，至惠帝而后除之。承秦严刻而继之以苟简，终未能自树一代之规。天下安其简便，而不可与建皇极，游康衢。故汉之衰，而有曹马。天下沦于胡焉。固本之道既亏，驯至人无与立，而兽噬之祸自至。（**此处宜深思。**）吾于典午之世，有深痛焉。推本穷源，伯道之余习使然也。抚今思昔，使袁氏能以正治国，则民国开基便稳，何至倭寇乘我于今日耶？

战国时，楚之文化已甚高。老庄屈平，或出于其宗支，或产于其领土，皆道家也。社会主义者许行，孟子称其南蛮鴃舌，亦楚人也。楚自熊绎开疆，虽承周王之化，其后则已杂伯术，而不纯为礼治之国焉。特礼意未尽泯耳。道家之下流，可杂权术。楚之变周，有以也。秦起西都，并六国，而高帝卒以故楚遗民，起而代秦。汉之治，犹楚之遗绪也，非独杂秦俗而已。汉犹继楚也，何必一姓而后为继乎？

汉世思想界虽凝滞，然民族力量雄厚。高帝、萧何豁达开基。惠帝仁厚，文景恭俭，一意休养民力。及武帝，雄才大略，延揽天下英俊。自经儒将才良吏、谏士、文学技术之良，博采旁罗，无不毕集。河工，亲身历视，与文学咏歌，忘其劳苦。用人勤政如此，故能大振武功。北开沙漠，除累世之患。西通西域，今中亚细亚，及印度诸国，多来臣属，而大秦亦几至焉。东北，有今东三省及朝鲜地。西南，抚有交阯。日月照临，无思不服。皇矣大哉。中国声威之远，自三代下，未有盛于此时者也。夫愚儒之众，不兴神武之君；衰敝之卒，莫出英威之将。武帝伟大之人物，实自当时社会产生。岂是从天而至乎？吾于是知汉时社会的品质极其优厚。（**品者，品格。质者，性质。**）若是卑劣的社会，如何能生出这等英杰来？

卫青、霍去病诸人，气度雄远，故能成就伟业。《淮南王安传》，称其问汉大将军（**卫青**）于伍被曰，“公以为大将军何如人也”？“被曰：‘臣所善者黄义，从大将军击匈奴，言大将军遇士大夫以礼，于士卒有恩，众皆乐为用。骑士下山如飞，材力绝人如此……及谒者曹梁使长安来，言大将军号令明，当敌勇，常为士卒先；须士卒休，乃舍；穿井得水，乃敢饮；军罢，士卒已逾河，乃渡。皇太后所赐金钱，尽以赏赐。虽古名将弗过也。’”霍去病为人少言，不泄，有气敢往。武帝欲为治第，令视之。对曰：匈奴不靖，无以家为也。盖匈奴诸部，自三代以来，尝侵暴百姓。汉初，尝围高帝于白登，又致书嫚辱吕后。文景欲休息民力，不轻用兵。及武帝，始张挞伐。卫、霍皆志在为民除患，故成非常之功云。（《汉书·卫霍传》，几皆嘲语，将英雄志事，一概埋没。班氏识量太浅故也。）

文帝玄默恭俭。三代而下，以学者陟帝位，文帝称首焉。帝本治老子哲学，而参用法家之术。匈奴侵肆，吴王不臣，皆静以镇之。不轻启兵戎，而汲汲修明政治，百司循规，各举其职。海内日渐富庶。不期与寇竞，而寇亦自不能我害焉。景帝贤明，无改父道。国家元气深厚，文景二帝含育之效也。武帝兴，始资之以扩张，非偶然也夫。

恭俭者，德之基，治之本也。奢侈盛，而盗窃萌，货贿行。百姓死于剥削，万事败于冥冥。

内既鱼烂，而外患有不至乎？虚文日张，外饰日侈。轻意肆志，以天下莫予侮也，百姓为可欺也。曾不知凶猘日同于其旁，祸至而莫御焉。昔“子路问君子。子曰：‘修己以敬。’曰：‘如斯而已乎？’曰：‘修己以安人。’曰：‘如斯而已乎？’曰：‘修己以安百姓。修己以安百姓，尧舜其犹病诸？’”甚哉，敬之难言也。敬者，此心之良知良能，恒时为主于中。（**恒时二字，注意。**）邪欲不得干，怠慢不得起，一切虚伪苟便之私，不得而入焉。以此修己，而一旦居位，则其用人行政，犹有自私自便而害人者乎，犹有自私自便而害百姓者乎？故吾儒治己治人之道，恭敬而已矣。《论语》言道国之要，节用居一焉。老氏有三宝，俭居一焉。孟子曰，“俭者不夺人”。可罢之务，无益民生之费；撙节一分，即为人民宽一分力，又可为人民多兴一分利。公家之务，必持以俭，而后百事修举。否则侈心一萌，手段挥霍已惯，而假公肥私，盗心炽焉。所盗者，皆人民膏血也。思之抑何忍乎？文帝平生恭俭，自是三代哲王以后所仅见者，可为万世法也。

汲黯赣直立朝。武帝不冠不敢见。尝面斥武

帝内多欲而外施仁义。帝亦优礼之。其以直道为朝廷矜式，所关不亦重乎？

武帝雄才大略，虽置丞相，而恒用顺承意志者为之。公孙弘得志，以此也。然武帝虽独裁，而有二善焉，可以无患。一能受直言尽谏。汲黯力攻其短，无所避讳。武帝能优容之。二屡举贤良文学之士，以共谋议。《严助传》云："是时征伐四夷，开置边郡，军旅数发，内改制度，朝廷多事，屡举贤良文学之士。公孙弘起徒步，数年至丞相，开东合，延贤人与谋议。朝觐奏事，因言国家便宜。上令助等与大臣辩论，中外相应以义理之文。（颜师古注：中谓天子之宾客，若严助之辈也。外谓公卿大夫也。）大臣数诎。（师古注：谓计议不如助等，每诎服也。）"是时武帝年未二十，即位不久，便广延郡国贤良文学为宾客，共谋议国事，临朝与大臣辩论。帝乃集思广益，而后断之于己，施之行事。此其所以能独裁，而不至暗于天下得失利病之故也。又公孙弘虽以曲佞见讥当世，然其为人，守俭约，能含容。当时材能之士甚多。方方面面，各尽其用。弘未尝有所排忌。辕固生教弘曰："公孙子但正学以言，毋曲学以阿世。"弘未尝以为忤也。若东京以后人，便无此量。武帝用弘为丞相，含蓄众流，弼助天工，亦可谓知人善任矣。

张骞冒险而动远略，班超亦然，皆千载英杰也。然是时，商旅远出，逾葱岭，越绝塞，贸易通于殊方异俗之国。中朝使臣与军队所至，要皆商旅为之前导也。（**当时商业情形，史皆不详，其识太陋。**）

汉时社会，私人讲学之风最盛。诸经师门下，尝数百或千余人。此等材料，宜搜考列传，而汇述之。

汉代用兵西北，所向克捷。当时交通及马政，必有可观。惜史籍不详。

汉时社会，任侠尚武。史公《游侠传》犹存其概。班固讥之，陋又甚矣。

桑弘羊祖管商之术，兴榷管之利。所以安边境，制四夷，成国家大业。功不当在卫霍下。伐功怨望，自取诛灭。其人格固无足称。朝廷待之，亦稍薄也。桓宽论盐铁，以弘羊为博物通达之士，可谓允矣。财政军事，相关密切。弘羊之略，宜加考焉。

汉廷儒臣，大抵乐守常而厌远略者多。故于将帅及计臣，每不喜之。然尚无结党横阻，相率去位，以败挠大计，如北宋诸儒臣之反对新法者。（然尚无至此为句。）武帝卫霍弘羊之成功，赖有此耳。汉人气量毕竟广远。但东京以后，此风浸息。世运升降之故，亦难知也。

卜式毁家输边，意量远矣。史家不赞边功，隐存轻视。义士爱国之善举，无所称扬，何以劝后之民乎？

新莽之篡帝位也，今人谓莽以经儒怀抱政治主张，故欲代汉以行其政策，虽陟位未久，主张失败，然其理想与志愿，亦足以大暴于天下后世，不可与曹操、司马懿之徒并论也。此说恐未尽然。政治主张是一事，其人是否为私人权利，而缘饰经术以自文，则又一事也。莽未得势时，淳于长方以外亲遇宠，常代王根辅政。莽心害长宠，因诬陷之于王根。根信之，命白太后。长由是得罪。莽遂代根为大司马。长本佞幸，不足道。而莽之所以自进者，亦太卑劣矣。莽为人阴险，务以诈伪牢笼士大夫。莽篡位前，天下上书颂莽功德者，动以数万计。岂皆赞同其主张者哉？得毋与袁世凯之筹安会及乞丐请愿团等相类耶？班书称莽既不仁，而有佞邪之材，遭汉中微，王后为之宗主，故得肆其奸慝成篡盗之祸。虽复及身诛灭，而其污风所煽，已开操懿之端矣。

莽既窃位，尽更汉制。莫可注意者，唯禁民买卖田及奴婢二事耳。莽诏曰："古者，设庐井八家，一夫一妇田百亩，什一而税，则国给民富而颂声作。……秦为无道，……坏圣制，废井田，是以兼并起，贪鄙生，强者规国以千数，弱者曾无立锥之居。又置奴婢之市，与牛马同栏，制于民臣，颛断其命。奸虐之人因缘为利，至略卖人妻子，逆天心，悖人伦，谬于'天地之性人为贵'之义。……今更名天下田曰'王田'，奴婢曰'私属'，皆不得买卖。其男口不盈八，而田过一井者，分余田予九族邻里乡党。故无田，今当受田者，如制度。敢有非井田圣制，无法惑众者，投诸四裔，以御魑魅。"莽禁不得买卖田及奴婢，不可谓非善政，然莽竟败亡。想其田地分配法，必未得当。后世生齿过繁，欲复古井田制，计口授田。使人皆得力耕而食，无纷扰之患。此事谈何容易哉？历代言井田者众，而卒莫能行。其事诚难，而执政者安于苟且，不求切实办法，则亦不得辞其咎也。余以为莫若仿井田之意，而行限田之法。凡地主有田者，其最多率以若干为限。过此，则严罚不稍贷。既杜兼并之患，而又必广副业之益，严游惰之律。如此，则地利均，人力尽矣。明季，海中介尝令贫民抢夺富人田。华亭相国家之田亦被夺。当时病其严酷。然势家盛行兼并，非贫民相率起而夺之，彼又乌肯让产耶？莽之亡，非井田不可行，必行之未得其宜。又莽好缘饰六经，纷更制度，矜己而自便。诸不利民者多。小人缘为奸利。莽益作伪日拙，矫符命以诬天欺众。虽欲勿亡得乎？然莽之所为，毕竟非操懿之徒所可及。世衰，则为恶者亦愈卑下，是可叹也。

光武以文儒创业。既即大位，其政术亦上师文帝，参老氏之术。匈奴骄恣，驭以宽容。远方贡献，或却而不受。一以抚绥内部为务。自新莽末年，海内寇盗蜂起，皆失业之民也。光武才起数年，即平定天下。虽乘人心思汉之势，然全国失业之众，既成寇盗，未知何以安集。中家亦不详其所以。王船山先生尝论此事，以为光武首征卓茂谨厚之吏，大抵极力整饬吏治，使良吏散布郡县，以恺诚之心，收招流亡，为谋生理。民得安生乐业，而社会固如磐石矣。船山所见甚是。（今日民无死所，而举世莫知吏治之为急。空言训政，不究其实，虽外寇不来，亦何以为国乎？）

汉承秦氏，易列国之局而为郡县。天子与兆民悬绝。所以与民亲接，而悉其患害，相与提挈，以谋福利者，唯在郡县长吏。故昭帝常曰："与我共天下者，其唯良二千石乎。"此深知治本之言也。汉世郡县制度与守令登庸及奖进等法，犹略可考见。修史者，宜详著于篇。

自古代初期，已重工商业。春秋战国之世，商贾百工，尤为发达。工商相因者也。商业盛，则工业进步可知。然吾国自周代开基，其政策已是重农抑工商。周公《七月》之诗，咏歌农事艰难，以明王业之本，而于工商不及焉。又始禁奇技奇器（见《王制》等。盖辑录周公成法，下逮东周，学者思想，犹有以创造机械为戒。如庄子"有机事者必有机心"云云），以不贵难得之货，为理民之上策。（如老子。）儒家如《易系传》，虽提倡制器尚象，利用宜民，与道家思想相反，然在孟子，则因恶垄断而有重农抑工商之倾向。观其谈生产，皆不外农桑渔畜而已。商鞅以法家治秦，尤以重农贱商为政策。商贱，则工艺不振可知也。汉兴，一秉周秦遗策。诸帝劝农之诏，皆以农为天下之本，屡言之而不厌。又常减租轻徭，以慰安之。设三老孝弟力田等乡官，以督厉之。其所以谋农事发展者，无微不至。独于工商，则特加抑焉。始禁贾人毋得衣锦绣绮縠絺纻，操兵乘骑马。其后又禁毋得为吏。桓宽为汉世政论大家，亦以工商盛而本业荒为可虑。本业，谓农也。昔在上世，特别注重器用创作。故唐虞时，有共工之官，谋工艺改进。周人虽轻工艺，然但禁淫巧而已。至常用必需之具，亦校其工楛，毋令失坏。《周官》《考工》有记，可见其不全忽略也。汉世竟无综核百工艺事之官，忽视工业如此，盖与其抑商政策为一贯的精神。然冶兵器与治宫室者，尚有专官典其事。则其武功所由盛，而建筑术亦有可观也。要之，重农抑工商，不独两汉为然，自汉以后，累代恒以此为传统政策。吾国人有反科学的精神，亦可于此等政策见之。然至清末，则已稍变趣向。现时论政者，犹有乡村建设与发展都市之两大潮流，相持而若不相容。言乡建者，近于重农。言都市发展者，注意提倡工商。实则民生以食为天，工商必资原料。古人以农为本业，实有理由。况神州大陆为天然农业之国，传统的重农政策，亦非出自偶然。但今日世界大通，科学昌明，物质文明日益发达，利用厚生，不能专仰一国之农产。工为制造，商通滞积，大地交通，而工商业的文明遂启焉。此乃自然趋势，非可以一国政策之力，从而遏之也。今后改造乡村，振兴农业，虽仍为不可易之政策，但工商业之提倡，实至急而不容缓。前年有吴君者，发表一文，明发展都市的重要。甚为时人所称许。不悟吾国今日，都市非不曾发展也，只是外人以其工商业来发展于吾之都市，以吸取吾乡村血汗。吾今日急切问题，乃在如何能自振兴工商业，以自力发展都市。吴君似未见及此，而时贤亦若未计虑及此者。是可怪也。

吾国人工商业的天才，自昔有可惊者。如古代陶器等制品，精工古雅，仅存于今者，犹可想见其概。丝织品之美，尤斐然可观也。（丝绸之行于远方，或在汉以前也。）惜奇器之被禁绝者，今不可考见。而墨子作木鸢即飞机之始，犹载故籍。其作法惜不传，必为奇技无疑也。商业在上古之情形，虽不可征，其在汉世，则民俗趋商，殆非法令所可抑绝。《汉书·地理志》所称，秦地富人，商贾为利，周俗之失，喜为商贾。陈人夸奢，上气力，好商贾。鲁俗俭啬，爱财，趋商贾。粤地近海。中原往商贾者，多取富。王符《潜夫论》曰："今举俗，舍本农，趋商贾。牛马车舆，填塞道路。"据此，则政府虽抑之于上，而人民相率趋之于下。其天才之不可遏绝也如此。当时商旅出塞外、适异域者必多。惜史家无识，略而不载也。又当时商贾在国内者，多以铁冶致富。如《货殖传》所载，蜀之卓氏，本赵之迁虏也。程郑，山东迁虏也。宛之孔氏，梁之迁虏也。而皆以铁冶致巨富焉。豪商垄断利权，国与民交困。故桑弘羊、孔仅之徒，始为国家兴榷管之利。而盐铁酒诸厚利，皆专之于国。武帝四出征讨之费，取给于是。桑孔，真吾国历史上有数之理财家也。然其能济军用，而商人不敢反抗者，则以其清廉故耳。班氏薄言利之臣，不为弘羊立传。但略见其事于车千秋等传中。然不言其有贪污淫佚奢侈等事，足征其清白不可诬也。此其成功所由，而为后世所莫能及也。弘羊政策，足抑国内商人垄断。然国外贸易，犹未讲求云。

东京之世，光武明章，敷扬儒学，表章名节。因新莽败坏士大夫廉耻，故提倡名节以振起之。光武优礼隐逸，特征太原周党、会稽严光至京师。当党入见，伏而不谒，自陈愿守所志。赐帛四十匹，罢之。光少与帝同学。帝即位后，物色访之。及至，帝与共寝，以足加帝腹。太史奏客星犯帝座。光卒不受官，去耕钓于富春山中以终。余如太原王霸、北海逢萌，皆隐居养志。霸应征而后归，萌竟拒征不起，时论以为高洁。明帝亲临辟雍，行大射养老之礼。礼毕，引诸儒升堂，自为演讲。诸儒共执经问难于前。都人皆圜桥门而观听。时皇太子、诸王侯及大臣子弟、功臣子孙，罔不受经。下至军校小卒，悉令通《孝经章句》。匈奴闻之，亦遣子入学，可谓盛矣。章帝宽惠，尊师重学，亲诣鲁，祀孔子于阙里。又诏诸儒，会议于白虎观。帝亲称制临决，因成《白虎通》一书。又令曹褒依汉旧典，撰次自君主至于庶人冠婚吉凶终始制度为书奏之。虽或采及谶记，要以具一代之礼典焉。夫三帝崇儒术，奖名节，孜孜如不及。宜其学风不变，士修节义，彬彬焉成一代之治矣。其后，冲人昏主继世，外戚宦寺乱于前，凶猘大盗恣于后。诸名士始终与之抵触，趋死而不止。后世皆称其节义，以为东京自章帝没世以后，朝政昏乱，而犹得载祀二百，不至速亡者，党锢诸公，以死支柱其间故也。此说然否，兹且不论。然三帝崇奖儒学，躬亲讲习。且自皇太子以下，至于军校小卒，无不读经。儒学之盛如此，胡为三帝垂殁未几，朝廷间竟无守经尊道敦节重义之风？戚宦何故乘权？此岂偶然之事？当时朝廷，如有些子正气存在，何至昏乱如彼。岂儒学不足提倡欤？吾常求其故，而窃叹光武、明帝用心之不诚不正，未足弘敷儒学，而适以自害也。光武鉴于新莽之事，欲以名教束士人，则假儒学为工具，非真有得于儒也。然光武为人，犹有向善意思。明帝察察为能，则虚伪更甚。唯章帝长者，而年又不永。光武、明帝所尊宠之师儒，则无耻之桓荣也。荣拜太子少傅时大会诸生，陈其车马印绶曰，今日所蒙，稽古之力也，可不勉哉。其鄙陋至此。明帝尊荣以师礼。每言，辄曰太师在是。常幸其家，问起居。入街下车，拥经而前，抚荣垂涕，良久乃去。诸侯将军大夫至荣家问疾者，不敢乘车到门，皆拜床下。荣贵显如此。盖善以佞媚结主知故也。夫皇帝崇儒学，而其所崇之师儒乃如此，实乃奖其媚己者。儒云乎哉？垂没而朝政昏乱，宜矣。

东京一代，上继西京，下开六代。此诚世

运升降之一大关键也。吾读史至此，常悠然有感，不适于怀。盖六代之污风颓势，直至于今，而未有已也。而开其端者，厥在东京之世。夫东京所以酝酿后之衰因者，何耶？吾求其故，略得数事。一曰，思想界愈益贫困也。西京二百余年，思想虽云凝滞，然承战国之后，诸子百家，流风余韵，犹有存者。至东京之世，上距战国已远，近承西京二百余年固蔽之余习，则思想界不唯凝滞，而直患贫困焉。王充《论衡》虽时有善言，可以发时俗蒙蔽，然实肤杂无统纪，未可以名学术也。史家称其正时俗嫌疑，然未见其有何所持，可以导人于一个新的方向。徒擅杂评，有何足贵？但在东京，则为一代瑰宝。充同郡谢夷吾，上书荐充，至谓前世孟轲、孙卿不能过。袁山松书曰："充所作《论衡》，中土未有传者。蔡邕入吴始得之，恒秘玩以为谈助。其后王朗为会稽太守，又得其书。及还许下，时人称其才进。或曰，不见异人，当得异书。问之，果以《论衡》之益。由是遂见传焉。"《抱朴子》曰："时人嫌蔡邕得异书，或搜求其帐中隐处果得《论衡》，将数卷持去。邕丁宁之曰，唯我与尔共之，勿广也。"夫《论衡》一书，为名士尊重如此，正可见其时思想界之贫困。此为衰微之一大因。凡人知识缺乏，则其活动的力量亦渐衰退。（思想是行动的工具故。）故考察一时代之盛衰者，必精核其时代之思想界果何如。此最不容忽者也。二曰，党人尚标榜而逐浮名也。西京诸儒，类有醇固重厚气象。佞曲如公孙弘辈，特少数耳。又多能留心当时的实际问题，故有通经致用之说。如桓次公治《公羊春秋》，而推衍盐铁之议，增广条目，极其论难，著数万言。庶几究治成一乱家之法。其他明经通法律政事，为贤公卿与良吏者，不可胜数。俱详列传。东京之儒，习经术达治体者，虽未至乏绝，然是时儒士习尚所趋，大凑于结党标榜，激扬名誉，互相题拂。饰行以惊俗取名者众，而躬行敦重，才堪应世者，殆所罕见。郭林宗之徒，浮誉过情，昔人已有弹之者。陈仲弓号为重厚，实乃工揣测，藏拙养望，全身远害，乡原之雄也。父子皆有高名于世，亦可羞已。其他名浮于实者，兹不俱举。虽孔北海之高志直情，而犹以才疏意广，迄无成功，见讥当世，况其余乎。夫名者，实之宾也。士人若竞浮名，则其内部生活空虚而无实。以此成风，世运焉得不衰？是其所关至大，不可忽也。（晚世西洋人长处，只是务实。而谈西化者，却不留意及此。）三曰，朝野习俗，奢淫贪污也。王符《潜夫论》曰：“今京师贵戚，衣服饮食，车舆庐第，奢过王制，固亦甚矣。且其徒御仆妾，皆服文组彩牒（牒，叠布也），锦绣绮纨。葛子升越（葛子，布也，出南越），筒中女布，犀象珠玉，琥珀玳瑁，石山隐饰，金银错镂，穷极丽美，转相夸咤。一飨所费，破终身之业。”（谓贵富者一食所费，足破中产之家也。）豪贵淫侈如此，民众尤而效之。《潜夫论》云：“今人奢衣服，侈饮食，事口舌而习调欺，或以谋奸合任为业（合任者，合为任侠，犹今结党为劫盗也），或以游博持掩为事（持掩，谓意图得钱，如今赌博等事）。妇人不修中馈，休其虫织。”据此，可见民间风习敝坏。又当时丧葬侈伪。《明帝纪》云：丧贵致哀，礼存宁俭。今百姓送终之制，竞为奢靡。生者无担石之储，而财力尽于坟土；伏腊无糟糠，而牲牢兼于一奠。靡破积世之业，以供终朝之费。子孙饥寒绝命于此，岂祖考之意哉？丧事如斯奢靡，民德之薄可知。夫豪贵淫侈，非剥削百姓，耗敝国家，则其珍藏从何处得来？《左雄传》称当时吏治之坏云："下饰其诈，上肆其残。典城百里，转动无常，各怀一切，莫虑长久。（今长等皆由朝廷权贵私授，以敲剥为务。其选用不遵宪度故常更易。）谓杀害不辜为威风，聚敛整辨为贤能……髡钳之戮，生于睚眦；覆尸之祸，成于喜怒。视民如寇雠，税之如豺虎。"（此段话，今人宜省。）《黄琼传》云，外戚秉权，"竖宦充朝，重封累职，倾动朝廷，卿校牧守之选，皆出其门，羽毛齿革、明珠南金之宝，殷满其室，富拟王府，势回天地"。其赃污贪冒，若此之极也。又当时将领贪污，亦成积习。《西羌传》云，诸将多断盗牢禀，私自润入。皆以珍宝货赂左右。上下放纵，不恤军士。士卒不得其死者，白骨相望于野。将帅贪渎如此，由朝廷戚宦开其端故耳。在位者以淫佚奢侈而肆行贪赃，民众则以奢靡而结聚为攻盗。（见前引《潜夫论》文。）俗尚如此，不亡何待？故东京季世，盗贼蜂起。天下群牧，各乘机会，拥盗兵而图不轨，互相惨杀。百姓死亡略尽。士女凌辱，更无待论。虽帝女，亦不免于董卓凶猘之逼焉。范史致慨于天地不仁，诚可痛也。夫奢淫贪污之风，从来圣哲，皆所痛戒。东京种此恶因，不唯祸流当代，而延及魏晋，遂致五胡惨变。其后如唐，如宋，如明，末世衰亡，又无一不由于此。历史事实，昭昭可按。惟奢与贪，习之自上，能令百姓死于剥削，万事败于冥冥。破损国家，摧伤种类，莫此为甚。哀哉生人，自有恒性，胡忍作恶自贱，如斯其甚耶。吾少读《孟子》，见其讳言利，而不知其心之所以痛也。少长，读王船山先生《通鉴论》，又见其悯衰世之人，没于权利而不顾族姓之危亡也。其文辞，直是字字随泪俱出，而窃病其感伤太过也。今忽焉老至，涉历弥多。读书论世，全凭一副真心，自尔见理分明，感事真切，然后知孟王诸子所为如彼者，实有所不容已者存也。今古学人，辜负大悲心事，可胜痛哉。综上三因，第一、第二，属于学风士习之敝，半由于大一统之局既成，思想界以无所与竞，而不能不腐；半由于三帝表章名节，天下感发而怀贞徒义者固多。其存矜尚之意，标榜以盗虚声者，亦自是始焉。第三曰奢靡贪污，则从安帝以后，罕有令主。外戚宦竖，迭窃主权，遂成国败宫邪，神州鱼烂之局。此中第三，若得继世有贤君相，转移风会，即可转危为安。古今本无不可转移之风会，然而继汉者为曹氏、司马氏，肆卑其险，竞长颓风，则吾民族国家，欲无衰败焉，而何可得耶？

东汉之乱，由于外戚宦竖。近有某君，教于上庠，以为光武不鉴新室之变，疏于立法。《孝明帝纪》云：“帝遵奉建武制度，无敢违者。后宫之家，不得封侯与政。”据此，则光武鉴王莽移鼎之祸，明立法度，以防外戚。某君所云，殆未深考。夫明主开基，莫不定家法朝章，以垂后嗣。然继体昏庸，奸邪得志，则祖宗法度横遭毁弃，无可如何。但光武亦有立法不善之处。即鉴于王莽以执政篡位，遂削夺相权，欲使大柄一操之君上。卒至庸主不能自持其柄，外戚宦寺窃之。其势浸成，则三公退听，无可与抗。此又光武立法不慎所致也。仲长统《法诫篇》曰：“《周礼》六典，冢宰贰王而理天下。春秋之时，诸侯明德者，皆一卿为政。爰及战国，亦皆然也。秦兼天下，则置丞相，而贰之以御史大夫。自高帝逮于孝成，因而不改，多终其身。汉之隆盛，是唯在焉。夫任一人则政专，任数人则相倚。政专则和谐，相倚则违戾。和谐则太平之所兴也，违戾则荒乱之所起也。光武皇帝愠数世之失权（数世，谓元成哀平四帝也），忿强臣之窃命（强臣谓王莽），矫枉过直，政不任下，虽置三公，事归台阁（台阁，谓尚书也）。自此以来，三公之职，备员而已；然政有不理，犹加谴责。（如遇灾异，则三公降免也。）而权移外戚之家，宠被近习之竖，亲其党类，用其私人，内充京师，外布列郡，颠倒贤愚，贸易选举，疲驽守境，贪残牧民，挠扰百姓，忿怒四夷，招致乖叛，乱离斯瘼。怨气并作，阴阳失和，……此皆戚宦之臣所致然也。……又中世之选三公也，务于清悫谨慎，循常习故者。是妇女之检柙，乡曲之常人耳，恶足以居斯位耶？势既如彼，选又如此，而欲望三公勋立于国家，绩加于生民，不亦远乎？昔文帝之于邓通，可谓至爱，而犹展申徒嘉之志。（邓通，文帝幸臣也。居上镑，戏慢，丞相申徒嘉奏事见之。罢朝，召通责之曰：通小臣，戏殿上，大不敬，当斩。通领首，出血。文帝使人召通。谢丞相曰：此吾弄臣。君其释之。）夫见任如此，则何患于左右小臣哉？……光武夺三公之重，至今而加甚，……未若置丞相自总之。若委三公，则宜分任责成。”仲氏之论，深达治体。夫行政之权，或专于君上，或专于宰相，有统一指挥之效。如身使臂，臂使指，则可以为治。若分任三公，便有指挥不能统一之嫌，莫若总之丞相为得。至于不置丞相，而三公又为虚设，竟使国之大柄旁落戚宦。斯真大乱之道也。又明帝虽号崇儒，而遇士大夫实无礼。据《左雄传》，顺帝时，“大司农刘据以职事被谴，召诣尚书，传呼促步，又加以捶扑。雄上言：‘九卿位亚三公，班在大臣，行有佩玉之节，动有庠序之仪。孝明皇帝始有扑罚，皆非古典’”云云。夫大臣受摧辱如此。戚宦得轻视朝廷，而擅威福，亦何足怪。光武明章三世，皆君主独裁，政权未至旁落。然既不置相，又不任三公，又摧辱九卿，则继世之主，如非其才，欲政权无旁落戚宦，何可得也？又今委员制，亦有仲长统所谓相倚之失。但事实上仍必总其权于委员长或主席焉。仲氏之论，至今无以易也。

西汉初，匈奴甚强。不奉中朝正朔，又屡侵苦内地民众。自经武帝讨平之后，匈奴始为臣属，边境安宁。及新室，犹袭前威，匈奴受策命焉。至东汉时，匈奴又渐衰。南北单于互相攻伐，皆求内属。朝廷以南单于犹忠顺，居其众内地，资给优厚。西域诸国，自五帝时，已内属。及至东汉，班超经略西域，前后三十一年，恩威并著。尝遣掾甘英西使大秦（今欧洲东南境，古罗马帝国），抵条支（今波斯西南），临大海（波斯湾），英欲径渡。因闻船人言，恐风阻粮绝，乃还。班超、甘英，可谓能勤远略者也。东汉时，中朝权威犹盛。但内地羌人叛扰，兵连祸结。良由朝政不纲，吏治败坏，军纪不修，故至此耳。

前代史书，国以君为主体。故于塞外诸国，虽为立传，而辄曰夷狄。今后修国史，自以本家为主体。则叙述从前塞外诸国事迹，自当视为一国以内之事。如春秋战国时，各国的文野盛败，与其对于王朝的或叛或服，都据实叙述。但均视为诸夏，且视为共隶于统一的王朝之下，毕竟不是异国异族也。今之国史，其叙述从前塞外诸国，亦应采此态度。不当以外患、外夷等等字眼，标立题目。唯引用古史事实时，如胡俗及戎胡之性等等词语，无法避免者，仍从实录。若可减省处，亦不妨减省。吾国塞外先民，武力虽多可称，而文化确实落后。未免胡俗，自是实情。社会开化有迟早，此不足为吾塞外先民病也。《春秋》诸传，对于吴楚，亦以野悍蛮俗嗤之。当时吴楚文化确后于中原诸国。史家纪述其习性，自当据实，不能谓其有何偏见也。至所以当视为一国者，则亦事实如此，不容歧外。朔北重霫、猃狁，自上古以来，常服属中朝。匈奴，则两汉时皆称臣内属。虽亦时有叛变，要不能以此之故，而视为异国。内地又岂少叛变者乎？西北方面，则自上世庸成之代，领地已逾葱岭。黄帝尧舜大禹数代，声教广远，万国咸服。至两汉时，西域五十余国（包括今中亚细亚、印度等地域），皆来内属。盛唐之世亦然。西藏、青海及甘新诸省塞外悬远之地，历史上夙为吾国领土。《汉史》所谓五十余国，《唐书》所谓突厥、回纥、吐蕃等等者，无一不受中朝封爵。中朝又置都护以监临之。虽有时叛变，则因中朝政教凌夷所致，要不可以固有的领土，视为外国也。东北方面，则九夷在夏朝时已输诚内向。春秋时，孔子且欲往居之。汉时乌桓，亦曾受朝命。虽叛服不常，要是边民动扰之性，不能视为外国。至如朝鲜、安南、缅甸、暹罗等等，向为藩属，亲昵逾恒。若存歧外，亦复无义。是知依据事实，国史之体，于叙述从前塞外诸国，当准春秋战国时所有各国之例，不当以外患、外夷一类字眼，标立题目。此乃事实本然，非立意造作而然也。

（史家用字造句，宜知体要，不可胡乱下笔。前见一相识云，新闻记者每不晓事。尝见其记藏事。文中以中藏相并成词。不知藏之在国内，犹蜀与鄂之在国内也，可曰中蜀中鄂乎？此说甚是。史家亦宜知此意。）抑吾尤有一说。从前塞外诸国，虽旧史有传，大抵记载兵戎之事为多。此外无甚可述。余以为今后国史，只于诸国起灭大概及其内属情事，甄述明白，其人有贤善可嘉者，应予称扬。（如不好侵略，又能和其部众之类。）至其兵戎之事，可极端省略。近人笑廿四史为相斫书，未为谑虐。今日学术，门类甚多。所必需的知识，亦深苦求之不及。若以相斫书，耗人目力精力，甚不合算。且此等事迹，亦不能使人有美感。不如极端从略为是。人类总以去褊狭、趋和同为进化美事。故凡塞外之乐于内向，能去其侵暴之俗，服中原礼乐之化，而扩大团结性者，是国史所应加详。说至此，又触及一问题。吾乡有冯生者，自新疆还。谓新省教育当局及各学校教师，并苦本国历史无有适当课本。余叹曰：今人治史学者，却喜在零碎事件上去搜求，又或狂乱去推翻史据，却莫肯在大体上着想，莫有在急切的问题上注意，不思量什么是史学的意义和价值。边省的人，受国外的刺激多，所以感觉到激发民族意识，是在历史学。其实历史课本，边省更无别样。只要将古代圣王以来，一切伦理、教化、制度、文物与各时代演变的大概，及历代模范人物，一一好好发挥出来，使边省青年，少而习之，知道本国文化之所由成，并知道国家的统一日趋巩固，又知道中华民族由一本而分支，又由分支而合归一本，团结性日益扩大，加增其共同生活的兴趣，如此便得了。

回族之先，在汉时居西域，与藏族（即西羌）互相交错。当时亦受匈奴侵逼。武帝以后，西域诸国恒依赖中朝，以脱匈奴羁轭云。

东汉时，吾民族已伏衰象。此中有一最大之原因，前未说及。其原因维何，即早婚之俗是也。古代男子三十而娶，女子二十五而嫁，足征其于生理极有研究。古人婚嫁以时，其体气决甚健壮。如《礼记》所称，三十曰壮；四十曰强，而仕；五十服官政；乃至七十、八十，犹杖于朝，杖于国焉。据此，则自五十之年始，正是为国家担重任耐繁剧之时，人生五十，精力完足，经验宏富，神智明利，故任政为宜。七十、八十，杖朝杖国，则是国有大政，犹备咨询，非以虚文相酬也。可见古人年寿长远，精气始终充盛。所以文化发达，国力雄厚。及至汉代，便有早婚之俗。西京宣帝时，王吉上书有曰“世俗嫁娶太早，未知为人父母之道而有子，是以教化不明，而民多夭”。此等污风，大约至东汉时代又加甚。如《魏志·陈群传》云：“鲁国孔融，才高倨傲，年在群纪之间。先与纪友，后与群交。更为纪（群之父也）。拜，由是显名。”孔融年在群纪之间，大约其年与纪犹同行辈，而长于群者亦无几。由此可见纪生群甚早。父子间的年龄，相差不甚远，其早婚可知。夫纪，陈太丘子也。父子并名高天下，而早婚不知戒也，则其时社会风习可知。自汉以后，早婚习为故常，人皆体气衰薄。人民智德力等方面，日就衰退。凡人体气盛，则精神易以向上，而智德力俱进矣。体气衰，则精神不堪振刷，常易下坠，而智德力无可言矣。或难曰：公之哲学，非唯心耶，胡为反成唯物？答曰：吾言唯心，非谓唯独有心也。心以对物得名。如其无物，心又何存焉？心物本非异体，而势用有别。但心力胜敌，说之以唯。然心非离物别有，即待物而显发。故体气盛，则显发其心力益强。反之则否。此自然之验也。若云以心力主宰乎体气，如心愈用，则精神愈出；病人体废，能以心力自振。此就人生修养上说。别为一义，非此中所欲论。总之，早婚不戒，则民族衰危，无可挽救。吾深有感乎此，故郑重言之。东汉以后文人，大抵颓废的意思多。年三十许，便伤老大。学业亦难深造。闻人言，今日军政界人，盛年失职后，自身都没改进，反更隳败。学人三十后，也是一日不如一日。官吏都纳宠好賄，一切向堕落处行。吾见清季许多志士，后来都做得不堪。世运何故如此衰？余以为救衰之道，强其体为最要。强体之道不一，而戒早婚为最要。汉以来恶俗，必须痛绝。

两汉时，社会上贫富不均。富豪兼并土地。贫民遇饥饿，常自卖为人奴婢。官府亦有收买者。《贡禹传》称，官奴婢十余万，游戏无事。税良民以给之，宜免为庶人，云云。不知官府何故有奴婢如此之众，或其初为救济贫民而收买之欤？民间富豪畜奴婢者，则不可胜数。如卓王孙僮客八百人，王商家奴乃至千人。家富畜奴婢之多，即此可见一斑。西汉时，董仲舒说武帝，宜去奴婢，除专杀之威。是当时富者可专杀奴婢也。新室亦诏废奴婢。及东汉光武帝降诏曰，敢炙灼奴婢，论如律。以后诸帝，亦时申禁令。可见当时社会上贫富悬绝之情形。至如富家兼并土地，新室诏令，言之痛切。而朝士论著，亦多注重及此。如仲公理《昌言》云："井田之变，豪人货殖，馆舍布于州郡，田亩连于方国。身无半通青纶之命，而窃三辰龙章之服；不为编户一伍之长，而有千室名邑之役；荣乐过于封君，势力侔于守令。财赂自营，犯法不坐，刺客死士为之投命。致使弱力少智之子，被穿帷败，寄死不敛，冤枉穷困，不敢自理。虽亦由纲禁疏阔，盖分田无限使之然也。今欲张太平之纪纲，立至化之基趾，齐民财之丰寡，正风俗之奢俭，非井田实莫由也。"[1]公理之论，具见根柢。惜当时朝野，于此一大问题，不求根本解决。然汉氏主政四百余年，民心思戴者，则亦有故。两汉贤主，始终能留心多数贫民之利益，未尝偏与豪富阶级妥协，则为明显的事实。抑商政策之用意，本在直接防止豪商垄断财货之行为，间接杜绝兼并土地之弊害。虽未必有极大效果，或亦不无相当影响。至于解放奴婢，累朝诏令督促，未尝松懈。若果空文敷衍，如后世所为者，焉得开四百余年盛治之局？古今有以欺骗成功者乎？

又其吏治修明，常以锄治豪强为事。（豪强，犹今云土劣。）如义纵为河内都尉，族灭其豪穰氏之属，河内道不拾遗。赵广汉迁颍川太守。郡大姓原禧，宗族横恣，宾客犯为盗贼。广汉除其首恶，郡中震栗。及至东汉，阳平大姓有赵纲，北海大姓有公孙丹，河东大姓有马适匡。凡此，皆在地方胁众揽权，鱼肉贫贱。而均为董宣、樊晔、李章等所诛。此特略征数事，实则两汉守令，无不惩戒豪强者。民心思汉，岂幸致乎？唯西汉武帝用桑弘羊兴权管之利，为豫绝兼并绝好办法。至始元中，征贤良文学，问以治乱。皆对愿罢郡国盐铁酒榷均输，毋与天下争利。此等贤良文学，皆代表豪富阶级的利益者也。当时相诘难甚烈，而桓次公称，桑大夫据当世，合时变，上权利之略。虽非正法，巨儒宿学不能自解云。要之两汉对于解决贫富问题，非不留心，但其抑商政策，则迂拙而无甚效。吏治又不可常恃。如东汉中衰，戚宦窃柄，则吏治坏而寇盗始起矣。弘羊政策，后亦莫能继行。公理提出土地问题，确是根本。若当时能本井田之意，而行限田之法，则民生悠遂，或不至寇盗蜂起，浸淫以酿五胡之祸。历观世变，岂天数耶，亦人谋不臧耳。

吾平生不满东汉党人，以其纯盗虚声故也。东京一代，真能留意民生问题，而慨乎其言，发于忠诚者，当以仲公理为最。王节信指计时短，讨谪物情，亦一代之良也。王仲任博通，肯用思，知识远过节信，视公理亦较广。三子者，所学不必同。其能不梏于时俗，则一也。范书以三君同传，可谓知类。然论赞极加贬谪，谓皆管视好偏，亦稍过矣。党锢诸巨公，于当时社会政治诸大问题，似毫无所究。只欲与朝廷戚宦抵触，投身饲虎，而无捕虎之胆与略。立君大事，李固在庙堂会议时，若面折梁冀，力数其罪，则朝臣或不至皆曰唯大将军令是听也。临之以严气正色，责之以大义，示之以王莽殷鉴，冀凶凶之气，当亦自屈矣。纵或不胜，固死于此时，较之委曲求全不得而死者，不犹愈乎？固不此之图，乃退在私室，一再为书劝冀。明知与虎谋皮，为不可得，而犹如是委曲者，此何为乎？固之贤，其才略、气概不过若是。自余诸公，皆可不论。夫吾国之党人，本非今西洋所谓政党，乃名士集团也，官僚集团也。凡人一为名士，便无足观。东汉党人，本无政见可言，无政策可言，无经纶大计条目可言。即随时济变，又无胆略。其空虚脆弱如是，犹幸不得已时，能尽一死字。范书于党人称扬太过，后人遂为所误，而不知以名士浮虚为戒。吾尝谓范书，党史也。

名士之称，始见《后汉书》。西京以前，士大夫敦实行，求实学，作实事。矜小慧饰伪行以盗名者，绝少见焉。有之，则为社会所鄙夷者也。自东京而始有所谓名士。吾尝谓东京以后，吾国只是两个东西始终合流，曰名士，曰奸雄。名士者，无心肝无知识。其全副精神，整个向外追逐，纯是浮虚夸巧，盗窃不惭，既无立本之学，又无实用之学。以其小漂亮，弄些应付朝廷与下面社会的伎俩。此在魏晋时，即是诗哪、四六文哪、清谈玄妙哪。（其实无关于玄学。）在唐宋明，则诗哪、古文哪，甚至理学哪。（宋世理学家末流，只是空疏迂固，尚少近名者。至明季理学末流，则皆浮薄伪妄之名士矣。）在清世，于古文外，或剽窃一点考据。章实斋诋为势家豪奴者是也。在今日，则哲学、科学、西洋文学，根本不曾费工夫，只剽窃一些概论与大纲的知识，及时代流行的新名词、新论调。犹古之诗与四六文、古文辞、汉学、理学等等也。此等人内无以立己，外无可应用。专以叫响于社会，惊动于朝廷公卿，为其能事。天下后世之名归焉。然无心肝，无学识，无操持，坏世道人心，使人类都成为鸟兽不如的东西。其影响甚大，真可痛也。奸雄者，合妾妇、流氓、强盗、凶猘而为一身。其无量本领，总可包括于阴、险、卑、贱四字之中。其劫持天下，牢笼万物，不外以威劫利诱等毒辣方术。常利用人类之劣根性，而或逼之以威，诱之以利，使天下之人，皆夺其志，销其骨，丧其气，遏其知。其手段恒不惜出之以奇险奇恶，至卑至贱。卒致社会混浊，国家昏乱，黑白不分，是非不辨。极至利害亦不复计。孟子所谓安其危，利其灾，乐其所以亡者。古今乱亡之世，未有不如是也。王船山先生曰："国家将亡，必有妖孽。"非草木鸟兽之妖也，亡国之人，皆妖孽也。观于魏晋操懿诸奸雄，与其时文学及玄言诸名士，而知五胡之祸，非无故也。操懿皆东京季世之人物，名士亦始于东京，此可以觇世变也。魏晋名士卑劣之状，此不及详，俟将来汇集之。奸雄之局，至袁世凯而告终。名士之风，恐犹未已。

经儒足以致用，若卢植者，可谓贤矣。性

刚毅，有大节，规窦武之书，义正词严。虽不见听，浩气存焉，黄巾贼起，植以文儒率师征讨。连战破贼，斩获万余。贼帅张角，退保广宗。植修守具，垂当拔之，而功败于昏愚之主。其后皇甫嵩讨平黄巾，盛称植行师方略。实资其规谋，用济成功，何进谋召董卓。植知卓凶悍，必生后患，固止之，进不从。及卓讥废立，公卿无敢言，植独抗议不同。履虎尾而不虞其咥，强哉矫也。夫卓，凶猘也。置之边隅，但为一方之害。天下有道，折棰取之可也。召赴京师，崇其名号，长其羽翼，则狂兽逞虐，何所不至。卓之纵毒，无复人理，乃五胡之先导也。寇祸古今所常有，但其绝无人理，则未有如董卓辈及五胡所为者。（五胡中亦有好人。如姚弋仲，心存晋朝，以乱华为戒。苻坚不嗜杀，能修政安民。此中，且从多数言之耳。）君子于此忧世变焉。卢公能识董卓于机先，非素以经义濯其心者，能前识如是哉?

张平子，精思天文、历算。尝造候风地动仪，可验地震。即震在远处，亦可测知其所在。范氏称其范围两仪，天地无所蕴其灵；运情机物，有生不能参其知。平子发明的天才，诚足惊人。然亦可见当时天算学之进步。平子著有《灵宪》《算罔论》，盖网络天地而算之，因名焉。惜后人无继续精究者。范书称平子虽才高于世，而无骄尚之情，常从容淡静，不好交接俗人。古代大科学家的风度，后生宜取法也。平子亦好玄学，服膺杨子云《太玄》。谓其妙极道数，与五经相拟，使人难论阴阳之事云。

东京末叶，已尚玄虚。如周勰，隐居窜身，慕老聃清净。杜绝人事，巷生荆棘，十有余岁。法真，好学而无常家，博通免内外图典，性恬静寡欲，不交人间事。同郡田羽称其蹈老氏之高纵。戴良，母卒。兄伯鸾居庐啜粥，非礼不行。良独食肉饮酒，哀至乃哭，而二人俱有毁容。或问良曰：子之居丧，礼乎？良曰：然。礼所以制情佚也。情苟不佚，何礼之论？夫良旨不甘，故致毁容之实。若味不存口，食之可也。良才既高达，而论议尚奇，多骇流俗。同郡谢季孝问曰：子自视天下，孰可为比？良曰：我若仲尼长东鲁，大禹出西羌，独步天下，谁与为偶？矫慎，少学黄老，隐遁山谷，因穴为室。仰慕松乔导引之术，与马融、苏章，乡里并时。融以才博显名，章以廉直为称，然皆推先于慎。台佟，隐武安山，凿穴而居，采药自给。曰，幸得保终性命，存神养和。汉阴老父者，不知何许人也。桓帝延熹中，幸竟陵，过云梦，临沔水，百姓莫不观者。有老父，独耕不辍。尚书郎张温异之，下道百步，自与言。老父曰：请问天下乱而立天子耶，理而立天子耶？立天子以父天下耶，役天下以奉天子耶？昔圣王宰世，茅茨采椽，而万人以宁。今子之君，劳人自纵，逸游无忌。吾为子羞之。子何忍欲人观之乎？温大惭，问其姓名。不告而去。凡上所述，皆虚玄之士。盖自光武、明帝，外奖儒学而扬名教，内喜善柔而宠桓荣之徒。党人又务竞名，以空言忤权要，实无济世之具。天下聪明博识之士，不乐检束，又深嫉时俗虚伪，故趋尚玄虚，遗世无所惜。周勰、法真、矫慎、台佟诸君，皆内养醇至，克全素尚。汉阴老父，迹弥晦而道弥高。推其所持，盖亦无政府主义者，战国许行之徒也。惟戴良放纵礼法之外，自况以大禹仲尼，矜妄不惭。魏晋间人，实祖其风。履霜而坚冰至，君子于是忧世变也。又《臧洪传》，称洪领青州刺史。前刺史焦和，好立虚誉，能清谈。是魏晋清谈之风，亦自东汉始。

第二期　三国迄六朝

中古第二期，起三国，讫隋，所谓六朝时代也。此是古今运会变迁，最大关键所在。吾民族悲惨之境，亦自此开端。

盖自司马氏群彘肇乱（群彘，谓八王也。昏贱如彘，故云），遂令五胡乘虚狂动，扰害中原。吾尝披览载籍，考见其时百姓遭受屠戮、劫掠、逼辱，种种不可名状之惨，心悸目眩，不忍措思，以谓宇宙何故为一大修罗场（修罗，魔也。言宇宙何故为众魔之场所也），众生何故甘作罪恶？哀哉人类，生生者未有已也，其将终古大惑不解耶？吾于是究心天人之故，而渐怡神于释迦氏之书焉。此可以知吾当日读史，心情感动为何如矣。五胡之局，归结于拓跋魏。因与江南皇朝对峙，而称南北朝焉。其时北方久沦胡俗，范祖禹等叙录《魏书》云："戎狄乱华。先王之泽，扫地以尽。"又云："刑法峻急，故人相残杀；不贵礼义，故士无风节；货赂大行，故俗尚倾夺。"社会上残杀倾夺之风既盛，父子兄弟之爱且不可保，况其他乎？孝文虽力矫胡俗，崇尚夏礼（谓中夏礼俗），然徒袭皮毛。又欲挽久敝之俗于一旦，势不可能。故孝文汉化，只饰虚文于俄顷，乌足以成化道，振颓风哉。北方戎俗既甚，南国亦浸染其风。如刘宋诸子之凶逆，萧梁诸子坐视君父之噬于困兽（侯景之乱，萧绎与骨肉之拥州者相争战，反缓置景，遂酿成惨史），陈氏君臣之荒淫，皆绝无人道可言，其沾被胡俗已深故也。天伦之变，古亦有之，未有如此时之相习为常，而人皆无所动心也。昏淫败度，古亦有之，未有如此时之相习为常，而人皆无一念之警也。故知其染于胡俗也。

第三期　隋文灭陈迄五代

及南北之局，统一于隋文。而唐高祖、太宗父子承其业。贞观之文治武功，为皇汉文景武诸帝以后所仅一见者。但盛业止于太宗一代。而风俗习惯，自六代以来，浸于胡俗者，始终未尽涤也。宫闱不正，太宗尚尔，后更不堪矣。民间俗习亵乱，用夏变夷者，又不知凡几也。夫民德浇漓，则野志易动，变诈滋多，嗜利无耻，攻剽无常。难以道义固结其心。如是之群，枭桀之徒，最易利用之以作乱。唐代藩镇之祸，连绵不绝，辗转推演，以成五季惨局，又如前世五胡故事。

至吐蕃、突厥、回纥、契丹等等，累扰中原，又不待论。

三、近古史略说

及皇宋肇兴，太祖以宽柔宁乱，提倡文教。诸大儒崛起，追复晚周儒学，明夏礼以革胡俗，复人性于兽习之余。可谓吾民族复兴之机矣。然宋祖鉴五代之祸，切于防弊，而武事不修；谨于守成，而开扩不足。诸老先生又吸收佛家禅学。正心诚意之功有余，格物致知之功，终嫌其短。虽辨章王伯，而颇近迂谈。孔门由求治兵理财之略，尚非其所敢企。况孔为东周，孟挞齐楚之伟抱，岂彼可得而几乎？宋始厄于辽，继辱于金，终则全覆于元，其所以自立之道未备，虽欲保固神州，而莫由也。

明祖继起，驱元室于塞外，恢复旧壤，庶几振宋人之遗绪。然太祖晚年猜刻已过，永乐惨酷，视太祖又更甚焉，继世复无令主。上视两宋诸帝，皆昏庸相继，又若一辙也。程朱陆王两派学者，其大多数皆空谈心性，不究实用。知识方面，视宋儒又更狭焉。于谦、王阳明、戚继光、熊襄愍、张江陵、袁崇焕，或以勇断而肩大任，或以韬略而扶危局，皆旷世雄材，不待文王而兴者也。然少数天才，处极衰之社会，终难大展所志。虽扶倾于一时，而无以立不拔之基矣。比两都沦陷，船山、习斋、亭林诸大哲人，始力变学风，期于道器兼综，体用赅备，一洗空疏迂陋之风，而归于实事求是。上继宋儒复兴晚周文化之遗轨，而皆绳正其偏，救治其弊。又可谓吾民族之几矣。然清人起塞外，帝中原，胡俗未革也。猜心、暴性，未能遽易也。中原人士新附者，多隐为怨刺之诗焉，其必有以使之然也。于是士大夫不敢尽其材力于思想之途，而相率以考据之业，自了生涯。明季诸儒之流风尽泯矣。自五胡变后，几二千年，元气未复。此一大段气运，经久而无甚变更。岂不异哉？

要之，此长远期间之扰乱，为本国边塞人与中原人之内乱（吾国本部，概称中原）。由六代迄今，中原固屡伤元气，而边塞诸部，亦以争夺中原，而卒归凋谢。朔北之元室，东北之鲜卑、辽、金、清，其结果都无善状。甲既受害（谓中原），乙亦无利（谓塞外）。历史事实，昭昭可按。甚矣，兄弟阋墙之祸，宜深戒也。

四、近现代史略说

尝谓吾国历史，自上世迄今，有两大变迁。一是自三皇五帝，下逮战国，如此悠远时期，为本国中原内争时代。盖中原分为无数侯国，竞智竞力，互争雄长。但同为有高深文化之国，故于争竞之中，自有切磨之益，此古代所以强大而文明也。此等局面，至周代春秋、战国，变化日亟。小弱国家，渐为强盛者所兼并。至秦皇，而遂开大一统之基，以遗之汉氏，是为中原团结而不复分离之始。二是自晋世五胡之祸，迄于清室运终，为本国边塞与中原内争时代。其情形，已略见前文，可不复赘。自秦以前，中原列国并峙。各国人民，多有参政力量。故边塞骄悍者，虽有时内侵，终不能为巨害。如犬戎弑幽王，乃是偶然之事。若幽王不宠褒姬，以坏烽火之令，犬戎何能为乎？邢卫困于狄，亦是暂时。齐桓一度北伐山戎，而诸夏安宁累世。可见中原民力之强固也。由秦而下，宇内大一统。中原人民益散漫无组织。参政力量，无所表现。边塞人民，政府又常漠然遇之，而无声教以加乎其间。故边塞每以其暴力，而摧中原之文弱。虽云暴力如狂风骤雨，不可常胜，然当其突至时，则中原受害矣。自魏晋迄于清运造终，如此悠远时期，纯是本国边塞与中原内争时代。在此长期内争之中，边塞人民既缺乏文化，中原又常受暴力伤残。故吾国社会各方面在此长期中极少进化，此可谓睡狮久疲不起之会也。然亦有相当成功焉。即边塞人民渐染中原文化，而中原之对于边塞，亦渐去其隔阂，相亲如一体。明太祖既驱除元室，命学士为文，祭告天地。文中目元人为胡虏，极其丑诋。太祖大怒，命改作焉。帝王大度，中外一家，无有畛域，诚盛德也。清人入关，自道咸以降，汉满界限，荡然无存。此虽清人努力同化，然边塞与中原融洽，却是累朝演进之结果，非自有清一代而始然也。

或曰：清入中原后，曾胡等犹扶植之，而彼族姓衰耗焉，何也？答曰：此其先辈贻谋不臧也。悉其族姓，以据中原，其心之私而猜也。天道恶盈，有不期而然者。若一向保其支庶于故土，虽逊帝位，而族姓能育，同建共和之规，不亦美乎？虽然，自今以后，五族一体也，则彼又何衰耗之云？

或曰：过去之事，既闻命矣，敢问兹后民族前途，将何如耶？答曰：世变复杂，日益奇诡。虽在大圣，有所不可知也，而况于余乎？然数往知来，有可预言者三。

一曰，吾国大一统之局势，不宜于过去闭关绝无与竞之环境。今后全球交接，东西文化，互相流通。虽疲怠睡狮，未能骤尔适应此新环境。然此新环境之有利于我，则万不容疑也。

二曰，吾国上古中原列国长期内争之局，至秦而始息。中古以来，边塞与中原长期内争之局，至民国而始息。清末排满，本为政治革命之一种手段，非真有族姓恶感也。民国肇建，五族共和，载在约法。将二十四史中，误视边塞先民为异族、为敌国之谬误观念，已经一扫而空。此为民族心理上之重大改革，最不容忽视者也。（此种心理上之改革，一方面由国内渐见融洽，一方面由世界大通，中原与边塞都把目光向外看去，才知自家团结为要。）开国二十余年，虽因内忧外患，不遑建设。然政府用才，中外无所偏倚（中谓中原。外谓边塞）。纵未能十分满意，然较以清世，则塞外人才，登庸为易。若政治上轨，边方兴学，后此改良之事，必与日俱多。至就边塞同胞之国家观念而言，其进步亦远逾畴昔。此次对日抗战，凡我全族（五族同源，已如前说。故不分言五族，而云全族），一德一心，无有携贰，虽德王被劫持于仇敌，料亦非其本心。吾中华伟大的民族，发挥其伟大的团结力，方且自兹开始。向后科学昌明。西北、东北各大陆开交通，尽地利，讲生产，则如严又陵所云，大陆之势盛，将夺海权。其必有验焉，无疑也。

三曰，中国文化，至高尚，至幽深。欲析言之欤，而若无所可言者。若复唾弃之，以为无物欤，则又若有物焉。广乎漠乎，上际于天，而不可测其高也；下彻乎地，而不可测其深也。体穷神知化之妙，于人伦日用之中。所以酬酢万物，网维万事者，其道无在，而无所不在。事物灿殊，无非天则著见。人生日用，一皆天理自然。（此段，字字吃紧。）得乎此，而后知人道之至尊至乐也。世固有纵心外驰，逐物求理，逞欲无餍者。其事，吾亦不谓无有是处。但有辨物析理之长，而无归根复命之道。是溯流而忘其源也。如欲格物而不口于道（道者，万物之原也。一切事物所共由之以成也。各科学之研究，皆止于事物互相关系间的法则而已。若不能穷极乎道，而实体之于己，则人生徒恃零碎的知识，而自述其本根。中土玄学，持较西洋，别是一种面目。科学兴，而斯学终不可废），用知而克全其神（神者心也。老庄反知，谓足以扰攘其心故也。儒者不然，但从事涵养。常令此心虚静宁壹，而无速妄杂染，则格物致知，乃此心自然之妙用。何有以知而扰攘其心乎？然必有内心涵养一种学问。故其神全，而不滞于物。否则逐物而丧其心之所持，竟不识有自心。则老庄反知，非无故矣），厚生而不迷其性（性，即道也。以其为万物所共由之而成，则曰道。以其为吾人所以生之理，则曰性。物质上的需要，所以厚生，不可废也。故绝物与断欲，必非人而后可。道不远人。吾先哲未尝以此为道也。然必有尽性之学焉，然后能用物而不役于物，从欲而不逾其矩。否则人生只陷弱于物欲之中，老子所以有聋盲爽发狂之叹也），则吾中国文化，确有绝大贡献。何可弃哉？何可弃哉？现代所谓文明人者，皆失其本心，而习于向外骋逞。纵欲殉物，因不得不出于抢夺，而陷于人类自毁之途。将图所以救之？非导之于中国文化，终不可得救也。吾确信中国文化不可亡。但吾国人努力于文化之发扬，亦必吸收西洋现代文化，以增加新的元素，而有所改造。不可令成一种惰性。是则余之所望也。综上三事，皆吾民族独具之优点。前途发展情状，吾不能知。其有可以发展之基，则上述三事是已。（**广大的国家，广大的民族，高深的文化，在今后的世界，而有此三，真是优点。**）老仆所知，亦止此而已。

结　语

中古史第二期，甚关重要。吾本欲详谈，兹当作罢。第二期以下，暨近古、近代各期，更付阙如。一因天气热闷，二因吾精力疲困，不得不截止。唯当此抗战时期，吾有一坚确信念：日本人决不能亡我国家，决不能亡我民族。日本者，古之所谓倭国也。其种族，则不知所自出。当吾国东汉光武时，其国主遣使来朝，自称大夫。后其国主，并受中国爵命。其国文化，过去完全模仿中国。此世所共知，不待多谈。然日人实不能了解吾国文化的广大精微处，不堪接受吾先哲高尚的理想与伟大的精神。自元代以后，他常寇害吾国。吾国人向来宽大，全无怀恨复仇的心理，而日本人竟处心积虑想灭吾国、亡吾种。此等野心，吾人今后不能忽视。但愿日人能自反省。日人今虽力效西洋，以强国自命，然素无文化，纯从外袭。其俗淫乱，绝无天伦，有禽兽所不为者。其人习于残忍，无复人性。其对外，概以狡诈与凶暴。虽云施之他国，然此等根性养成，其民族将来欲勿衰亡，何可得也。自古皆有死，民无信不立。圣言毕竟不容摇夺。又日人器量过小，虽横行一时，决定不堪成立大业。此吾敢断言以俟之者。夫日本在昔，本吾华之臣属，又受吾华文化熏陶。值欧力东渐，神州衰微，日人为自身利害计，亦不应阻碍吾华族之兴复运动，以自陷于孤危。眼光稍远者，自能见及此。乃日人出兹下策，乘吾华方新之机而蹂躏之，实乃竭其民力，戕其民命，以赴于膏火自焚之途。利害至明，而彼不悟。由其器小易盈，颠狂以逞，绝无远识故耳。

吾尤有言者。凡历史书，其纪述之体可略说为二：一则考论人物得失。如各方面领袖人物（谓若古之君相及士大夫，今所谓领袖是也），其推动社会政治及文化等方面，所发生之影响果何如。此最不可忽者。《春秋》褒贬善恶与别嫌疑、明是非等义，即在乎此。后来史家皆宗之。二则本科学方法，推详社会变迁。如由游牧社会而进为农业社会之类。各时代之一切组织、一切法制及生活情况等等方面，皆互相悬殊。而其或为渐进，或为突跃，又皆有其所以，必非无故而然者。史家述作，必于此推详焉，所以数往知来也。今之治史志者，大抵有意向此做去，而尚未能做到。余以为二种作法，须融合为佳。大概以考论人物得失为主，而社会各阶段中方方面面之变迁，亦必推详而无所遗，方为良史。人物本由社会产出，而却有推动社会的力量。如五官四肢，自整个的生机体中发展出来，而却有运动生机体之功能。旧史注重人物得失，甚有意义。且模范人物对后人具有伟大的感发力。历史家不可不以热烈真诚的意愿，表达伟大人物的精神。须知一个人必有敬仰伟大人物的真切信念，其人便不至堕落，而可日益向上，以进于伟大。否则无好善之几，必为小人禽兽之归。一个人如此，一民族更是如此。若民族普遍的心理，对于伟大人物皆有真切信念，此等民族决不堕落，决不衰亡。反之，则有沦丧之忧，以其无所向往故也。但此所谓伟大人物，系指为善而可法的人物。若凶暴而作大恶者，与浮华哗世者，则根本不成为人，宜为有识所贱弃。一个人，或一民族，如果崇信恶人暴行，或且贵重浮华之士、浅薄之论，其人其民族必衰亡而不可救。又所谓敬仰伟大人物者，原不限于本国本族之先人，但对于先辈有盛大功德者，万不可无敬仰之诚。今吾国人对先辈一概抹煞，或谓黄帝大禹等为无其人，或唱打倒孔家店，或以卫霍安边之功，只是帝王走狗。种种怪妄，不可胜举。寇患相乘，岂曰无因。吾愿青年有以自觉也。昔战国末叶，六国之士非尧舜、薄汤武成为风尚，六国遂以崩亡。而吾民族衰象，便伏于此时矣。可不鉴哉！又复有言者，吾国社会就文化方面言，各时代的社会情形，自有许多不同之点。如两汉社会较之战国盛时，便有停滞之象；五胡变乱时之社会，便有激动之象。（五胡之后，而有盛唐之治，有以也。）诸如此类，皆可推详。至就生产方面言，吾国本天然农业的国家。在近世海通以前，中国国家确自另为一种最高的文化团体。其文化又别为一种路向，与西洋文化原不同途。因此，中国社会数千年来，在生产方面始终不离农业本位。若以西洋社会变迁的各种阶段强相比拟，终无是处。如果以为不离农业本位之故，或拟为奴隶社会，或拟为宗法社会、封建社会，就片段看去，固然好似说得过去。但如通其全而论之，中国的文化方面，如哲学思想的无神论与心物不分的观念，与世界观念及实践观念等等，均是极高尚宏博，纯粹而无可非薄的。艺术思想的优越，更是中外公认的。道德方面的宽博态度，更不可求之今日西洋社会。（**西洋人遇异国之民，便有猜防。中国人遇外人，则坦怀相与。**）其他风俗方面，今日虽敝，然过去优尚之点甚多，兹不暇论。若以中国社会强判为属于未进化的卑陋阶段中，吾诚未知其可。吾愿将来修通史者，于时俗谬误，宜加屏绝。至上古农业初兴，或是由部落进为侯国的时代，其时农民不免为君卿大夫的奴隶，自是势所必然。然自夏朝定田赋制度以后，人民已渐为国家之公民。如盘庚迁都，必得人民同意。可见殷时人民，已享有公民参政权。必谓其完全为奴隶，似嫌武断。又《诗·小雅》“甫田之什”，《毛传》云，刺幽王也，刺其仓廪空，虐政烦。赋重，农人失职。按此诗有云：“攸介攸止，烝我髦士。”《毛传》，烝进，髦俊也。治田得谷，俊士以进。《郑笺》云：“介，舍也。礼，使民锄作耕耘。闲暇，则于庐舍及所止息之处，以道艺相讲肄，以进其为俊士之行。”考《笺》与《传》，词有详略，而义相和会。《传》云俊士以进，似谓进而用之在位也。《笺》云进其俊士之行，虽不必即用之理政事，然贤能之兴，实所以备登庸也。《传》于休介休止句无训释，《笺》说为详。据此，则西周农人已多为国家之俊士。而今后生犹谓其屈于奴隶，岂不异乎？又《小雅》诸诗，刺当时社会政治之黑暗，发于义愤，诋呵无讳，尽其形状，可征民意发抒，民权已盛。今百姓愁惨，而无所谓呻吟，视西周之民，犹弗如也，谓其为奴隶可乎？夫古代奴隶社会时之情事，容有见于后者，如资本主义的社会，岂能全绝封建社会之迹乎？吾所为断断于此者，恐其失中国真相，而历史纯为诬乱之业也。虽诋余以迂陋，吾何敢辞？

注释：

①引文见《后汉书·仲长统传》所录《损益篇》。

第三编　中国历史纲要

唐：帝尧，一代而止。

虞：帝舜，一代而止。

夏：称王，大禹始传子。

商：王，成汤。

周：又分西周（都今陕西西安，故称西周）、东周（都今河南洛阳。平王始迁于此，而周遂衰。诸侯互相攻伐，强者吞弱，大者并小，是为列国之世。周之天子徒建空名而已）。

东周又分春秋之世（鲁国之史记名《春秋》，孔子因而修之。自鲁隐公元年即周平王四十九年至鲁哀公十四年。凡十二公，二百四十二年。此二百四十二年间，称为“春秋”之世。名为鲁史，实记有列国之事，王朝之争亦多记载）、战国之世（自春秋之后，列国互相吞并，仅余七大国：曰秦、曰楚、曰齐、曰韩、曰赵、曰魏、曰燕。是称七雄，亦曰列强）。

秦：七国时之秦至王政，始灭六国，废东周君，混一大宇而成一统。王政既一天下，遂称始皇帝，欲传之万世。卒至二世而亡。

汉：又分西汉（西汉自高皇帝都长安，即西周与秦之故都。周自平王东迁于洛，长安以之封秦伯，而秦渐强，为大国。至政遂统一天下，仍都长安。汉高帝姓刘名季，今江苏沛县人。以平民起而为天子。复都长安，称西汉）、东汉（汉臣王莽篡汉，及身而灭。汉之后裔刘秀起而恢复帝业，称光武皇帝。迁都洛阳，是为东汉）。

三国：东汉之末，天子失道，群臣并起称雄，互相攻伐，而后成魏、蜀、吴三国鼎立之势。（曹操传子丕，遇汉献帝禅位，是为魏文帝。刘备以汉之后裔，称帝于今四川成都，是为昭烈皇帝，国号汉。孙坚与其子孙策、孙权起于江东，至权而称帝。国号吴，都今之南京。江苏省江宁府地。）

晋：魏之臣司马炎始逼魏帝禅位，而自称帝。时蜀汉已灭，又复灭吴，天下又一统。建都洛阳，是为西晋（对东晋之都南京而名西故）。

又分西晋（司马炎统一天下，至其子惠帝愚蠢，旋有八王之乱，五胡入中国，中国亡于胡）、东晋（中国北部虽亡于五胡，而晋元帝以诸王起而抗敌，卒在南京建都而绍正统。然河南、陕西、山东诸省之地，尚有属晋者）。

前五代：东晋在江左成偏安之局，国势不振。

晋后为其臣刘裕所篡，国号宋。是为刘宋，亦都南京。

宋又为其臣萧道成所篡，国号齐。

齐又为其臣萧衍所篡，国号梁。（梁武帝与齐同族。）

梁又为其臣陈霸先所篡，国号陈。

晋、宋、齐、梁、陈，是称五代。若并隋而言之，则称六朝。

隋：杨坚以北朝周之臣，篡周而并有北方。又灭南朝之陈而统一天下。是为隋文帝。传子广，禽兽也。遂亡。

唐：唐李渊及其子世民，以隋臣起而有天下。国号唐。亦都长安。世民即太宗皇帝。是为汉以后中国极盛时代。

唐以前，北有诸胡各建国，所谓五胡十六

国。此中不详。诸胡在北者，统称北朝。南方则自东晋以至于陈，统称南朝。故史于齐称南齐者，以齐为南朝之齐，别于北朝之齐也。

后五代：唐之衰也，朱温以群盗，起而称天子，国号梁，史亦称后梁。

李存勖本胡人（沙陀族），自其先世官于唐，唐赐之国姓李氏（收为养子之意）。至存勖始大。乘梁之亡而称帝。自谓绍唐之业，国号曰唐。是为后唐。

石敬瑭亦胡人（沙陀族）。借契丹援兵灭后唐，继后唐为帝。史称石晋，亦云后晋。都汴，今河南开封。

刘知远亦胡人，代石晋而自立。托名汉之后，国号汉。史称后汉。

郭威，汉族也。灭后汉，国号周。史称后周。都今之开封。

五代，共五十二年。其时天下昏乱，民生涂炭。所谓君若臣，皆犬马不如者也。朝夕变节，不成为人。比于六朝，犹远不如之。唯周世宗可谓贤主，惜其年不永，身丧而幼主继之，君位遂禅于宋祖。

宋：分北宋（北宋都今之开封。宋太祖赵匡

胤本周臣也。值世宗崩，幼主立，承五代之衰，君臣无固定之分谊。诸将不服事幼主，皆拥匡胤为帝。帝即位后奖励名节，兴儒学。唐以后，至此乃称一统政治之体焉。宋代新儒学之盛，亦宋祖提倡之效也）、南宋［宋虽一统，而国力之强，远不如汉、唐。中国疆域被胡人割据者，亦多未能收回。及徽宗、钦宗二帝为金人（胡也）所虏，宋之宗室康王构，南渡至今之杭州。遂驻此而立为帝，绍中国之正统，是为南宋，所谓高宗是也。构昏庸，犹不及东晋元帝，其疆域比东晋更狭矣］。

元：南宋之末，为蒙古所灭。蒙古亦号鞑靼，盖古匈奴之族类。本无文化，如鸟兽然。其人强悍善战，起自北方。先灭金，次南下而灭我宋室，遂入关而称帝，改号曰元。都今之北平。北平自周时，燕国都于其间。其后至五代时，胡族有耶律氏，初名契丹，后改为辽，居今之热河。后梁时阿保机称帝。其境域东至日本海，西至天山，包有今内外蒙古及直隶、山西之北境。凡九主，二百一十年，为金所灭。辽都于今之北平。金既灭辽，亦都于此。元灭金又都于此。明灭胡元，而成祖复由南京迁都于此。清人入关又都之。民国初年又都之。

明：我大明太祖高皇帝姓朱名元璋，今安徽凤阳人。以平民起而驱逐胡元于塞北，恢复我汉族之独立。遂绍帝位，宅都于今之南京。至其子成祖皇帝，仍迁都北平，号北京。自太祖至永明帝之亡，约三百年。而清朝又以胡人侵入吾国矣。

清：本金人之裔。金，胡也。于宋代曾据我国北部称帝。金原名女真，姓完颜氏，世居我国东北松花江之东，服属于辽。及宋徽宗时，阿骨打称帝，都会宁，即今吉林，号曰金。灭辽攻宋，有今东三省、黄河流域各省及江苏、安徽、淮北之地。凡九主，一百二十年，为蒙古所灭。然至明朝，其后裔又盛。始则臣事我大明皇朝，终乃叛而称兵入关。自福临始据北京。建年号曰顺治。凡十主，二百六十八年。溥仪逊位，而中华民国始成立。

鄂省者，故楚地也。中国内部十余省之中心也。中原之民富于民族思想，独立自由之风，鄂人为甚。元之盗踞中夏也，其势甚盛。而徐寿辉、陈友谅、方国珍诸氏，皆起于鄂、闽而称皇帝，以抗胡元。明祖因之以成其功。实则徐、陈、方三帝之力，不可忘也。清之盗踞中土也，二百余年。卒因武昌义师勃起，而清运以终。然则鄂人抗拒异族侵陵之力，有足多者。今后扫除倭寇，尤殷望于吾三楚之子弟也。

又补：

五帝：伏羲、神农、黄帝、尧、舜。

三王：夏禹、商汤、周文王及其子武王。合称三王，实有四人。

周之贤王，文武而后有成王（武王子）、康王（成王子），后有宣王，中兴周室。东周以后，灵王稍好，要皆微弱无可称。

五霸：亦作伯。齐桓公、晋文公、宋襄公、秦穆公、楚庄王。

春秋时，楚以子爵而渐强大，常用兵以侵略北方诸国。南方诸小国皆为其所吞并。楚遂僭称王，欲代周天子而自立为王也。北方诸侯国，除齐、晋等大国外，亦多臣服于楚人之下。盖俨然代周而兴矣。

王道以德服人，伯者以力服人。（秦始皇亦雄主也。）

汉之贤帝：高帝、惠帝（高帝子）、文帝

（高帝子）、景帝（文帝子）、武帝（景帝子）宣帝。

东汉：光武帝、明帝、章帝。

蜀汉：昭烈帝。

唐之贤帝：太宗贞观（太宗年号）之治称盛。玄宗开元之治不终。宪宗稍好。

五代：周世宗好。

宋：太祖、太宗稍为强者，仁宗好，余皆平平。

南宋：孝宗稍好，亦不足有为。

明：太祖、成祖较为强者。仁宗亦好，惜不永。

汉初贤相：萧何、曹参与民休息，不妄兴作。史称萧规曹随，言曹能守萧何之遗规而不更张也。

蜀汉：有诸葛亮。

名将：则武帝之卫青、霍去病能逐匈奴于塞外。赵充国亦却匈奴。此其著也。自余不可胜数。

唐初：辅成贞观之治者，称房玄龄、杜如晦、魏徵诸公。姚崇之相玄宗，亦救时良相。后有裴度。

宋之贤相：有李沆、王旦、范仲淹、富弼、

韩琦、文彦博、赵抃、司马光等。王安石变法而无成功，其学有足称者。

南宋：则李纲甚好，惜高宗昏庸，不能用之也。

宋代少良将才，故武功不竞。

明之贤相殊不多，三杨皆平平耳。晚叶，乃有张居正，湖北江陵人，乃杰出之才。将有熊廷弼，更为汉以来特出之伟大人物。惜为小人所害，昏主不能辨而杀之。中国遂于胡清矣。

三杨者，明仁宗时杨士奇、杨荣、杨溥并为名臣，世号三杨。

附一　五胡十六国

五胡者，匈奴、鲜卑、羯、氐、羌也。东汉以来，五胡先后移于塞内，势力渐增。西晋末，先后占据北方及西蜀。始于晋永兴元年，讫宋元嘉十六年。历百三十年而始灭亡。列国十六：五凉、二赵、三秦、四燕、夏、成汉是也。又有冉魏及西燕，则不在十六国之列。

五胡十六国表

国名	始祖	种族	所据地	灭其国者
前凉	张茂	汉	姑臧	前秦
后凉	吕光	氐	姑臧	后秦
南凉	秃发乌孤	鲜卑	乐都	西秦
北凉	沮渠蒙逊	匈奴	张掖	北魏
西凉	李暠	汉	酒泉	北凉
前赵	刘渊	匈奴	平阳	后赵
后赵	石勒	羯	临漳	前燕
夏	赫连勃勃	匈奴	统万	北魏
成汉	李雄	氐	成都	东晋
前燕	慕容皝	鲜卑	邺都	前秦
后燕	慕容垂	鲜卑	中山	北燕
南燕	慕容德	鲜卑	庆固	东晋
北燕	冯跋	汉	昌黎	北魏
前秦	苻坚	氐	长安	西秦
后秦	姚苌	羌	长安	东晋
西秦	乞伏国仁	鲜卑	金城	夏

西燕者，晋时鲜卑族慕容冲破苻坚兵，据今陕西咸阳称帝，史称西燕。凡三主，十年。为后燕所灭。

冉魏，晋时冉闵杀后赵主石鉴自立，国号魏。三年。为前燕所灭。

五胡十六国，天下纷裂已极。及北魏兴，渐统一北方，胡运犹未已也。

北魏：亦称后魏，姓拓跋氏。晋时拓跋自立为代王，国号魏。都平城，今山西大同。称帝，史称后魏。以其为北朝也，又称北魏。有今河北、山东、山西、甘肃及江苏、河南、陕西之北部，奉天之西部（奉天今改辽宁）。传至孝文帝，迁洛阳，改姓元氏，故称元魏。凡十二主，一百四十九年。分为东西魏，为高氏、宇文氏所篡。

东魏：后魏之末，孝武帝西奔，高欢别立孝静帝，是为东魏。

西魏：孝武帝西奔，依宇文泰都长安，是为西魏。凡三主，二十三年。禅位于北周。

北周：宇文觉受西魏禅，号曰周，史称北周，又称后周。都长安。灭齐，统一北方。凡五主，二十四年。禅位于隋。

北齐：先是怀朔人高欢仕后魏，镇朔方，

起兵平尔朱氏之乱，拥立孝武帝。欢为丞相，专权。帝西走，依宇文泰。欢别立孝静帝。由是魏分东西。及子高洋篡魏，国号齐，史称北齐，亦称高齐。都邺，今河南安阳县是也。有今直隶（**河北**）、山东、山西、河南及奉天西部之地。凡五主，二十八年。为北周所灭。

北汉：晋时匈奴刘渊称帝，号曰汉，史称北汉。后改为赵，史称前赵。见五胡十六国表。

前秦：见五胡十六国表。氐族苻氏，据关中，国号秦，史称前秦。其盛时南至邛僰，东抵淮泗，西极西域，北尽大碛。凡七主，四十五年。为后秦所灭。

后秦：见五胡十六国表。羌族。姚苌弑秦王苻坚，自称秦王，史称后秦。据长安。有今陕西中部、河南南部、甘肃东部之地。凡三主，三十四年。为东晋所灭。

五胡十六国中间有汉人，而势力不盛。如张轨踞凉州，有今甘肃兰山道以西之地。其子茂称凉王，史称前凉，凡九主，七十六年。而灭于前秦。惜夫！北燕，则冯跋踞热河境称王。凡二主，廿八年，为后魏所灭。西凉，李暠踞今甘肃敦煌县，称凉公。凡三主，二十一年。暠乃唐之祖也，亦是汉人。

以上略谈晋世，即史所谓南北朝时代，北方诸胡之纷纷者也。吾族经此蹂躏，亦惨极矣。

后五代之世，有所谓十国。列表如下：

国名	始祖	据地	灭其国者
吴	杨行密	淮南	南唐
南唐	李昪	江南	宋
闽	王审知	福建	南唐
前蜀	王建	四川	后唐
后蜀	孟知祥	四川	宋
南汉	刘龑	庆州	宋
北汉	刘旻	山西	宋
楚	马殷	湖南	南唐
南平	高季兴	荆南	宋
吴越	钱镠	两浙	宋

吴越：钱镠踞杭州，有今浙江全省之地。凡七主，八十四年。纳土归宋。杭州之建都自此始。

吴：杨行密踞淮南，兼有江西，国号吴。凡四主，四十六年。为徐知诰所篡。

南唐：徐知诰受吴禅，称帝于金陵。国号唐，史称南唐。有今江苏、安徽之淮南、福建、江西及庆西北部。凡三主，三十九年，为宋所灭。知诰，徐州人，为徐温之养子。先姓徐，后复本姓——李，名昪。李后主，词最妙，古今无有及之者。偏方割据之帝，卒为亡虏。盍若身为匹夫而仅以词人名之为愈耶?

南汉：刘隐之弟刘龑称帝于庆州，国号越，改称汉，史称南汉。有今庆东及庆西南部。四主，六十八年。灭于宋。

南平：亦称荆南。唐末高季昌为荆南留守，后唐封南平王，有湖北荆州府之地。凡五主，五十七年。后纳土归宋。

楚：马殷踞长沙，奄有湖南及庆西东部，称楚国王。为南唐所灭。

附二　中国历史应注意之点

自夏、商迄于周为封建诸侯之世，虽戴有天子为共主，而实则诸侯有国，大夫有家，各有其土地，各以其所抚之人民为农奴而已，所谓封建社会是也。

春秋迄于战国，渐去封建之习，工商业渐兴，人民亦渐知争独立自由。其时学术勃兴，所谓诸子百家扬光辉于大地。吾国所以为东亚文明之祖邦者，自此始也。其文化之美，犹将遗泽于未来世界之人类也。是时思想之派别，略言之，有儒家、道家、墨家、名家、法家等等。而农家如许行，其说略存于《孟子》，则极端之社会主义者也。

秦废封建，改郡县，是为一大变。汉高以平民起而革暴秦之命，又为一大变。

秦汉始开大一统之局，后虽常有分裂，而究常归于一统。此亦一大变。

汉魏以后，五胡乱华，吾民族始衰。此为一大变。

汉魏以后，印度佛家思想渐入中国。此为一大变。

魏晋之篡弑最卑鄙险诈，后来奸邪皆效之。此实我民族衰亡之主因。盖卑鄙险诈之风，使人失其性而不成乎人，欲不衰而不得也。曹操父子与司马懿父子祖孙之罪，不可逭也。其为人，粪蛆不如也。此为一大变。

汉末群雄与董卓之难，唐末藩镇与黄巢、朱温之盗贼，流毒天下。其流至于今，而军阀与土匪犹承继不绝也。此皆须注意。

宋初，儒学兴，反对印度佛家思想。此为吾固有文化复兴之兆。

元人始以异族全制中国。此一大变。后则清又如之矣。

明祖驱除异族，我民族始解放而独立。此可庆幸。

明之末世，政治贪污败坏不可形容，民生凋敝已极，故胡清得入。今之世，又如明季。

出版说明

“新编历史小丛书”承自上世纪60年代吴晗策划的“中国历史小丛书”，其中不少名家名作是已经垂之经典的作品，一些措辞亦有写作伊初的时代特征。为了保持其原有版本风貌，再版过程中不做现代汉语的规范化统一。读者阅读时亦可从中体会到语言变化的规律。

新编历史小丛书编委会

图书在版编目（CIP）数据

中国历史讲话 / 熊十力著. — 北京：北京人民出版社，2019.10
（新编历史小丛书）
ISBN 978-7-5300-0394-7

Ⅰ. ①中… Ⅱ. ①熊… Ⅲ. ①中国历史—研究 Ⅳ. ①K207

中国版本图书馆 CIP 数据核字（2019）第 037672 号

责任编辑　高立志　魏晋茹
责任印制　陈冬梅

新编历史小丛书

中国历史讲话

ZHONGGUO LISHI JIANGHUA

熊十力 著

出　　版　北京出版集团公司
　　　　　北京人民出版社
地　　址　北京北三环中路 6 号
邮　　编　100120
网　　址　www.bph.com.cn
总 发 行　北京出版集团公司
印　　刷　北京汇瑞嘉合文化发展有限公司
经　　销　新华书店
开　　本　880 毫米 ×1230 毫米　1/32
印　　张　5.625
字　　数　82 千字
版　　次　2019 年 10 月第 1 版
印　　次　2021 年 6 月第 3 次印刷
书　　号　ISBN 978-7-5300-0394-7
定　　价　29.80 元